Manfred Böckl

Verborgene Schätze in Bayern

Wo und wie man im Freistaat
heidnische Opfergaben, Münzhorte,
Waffen, Schmuckstücke
und andere historische Relikte finden kann

MANFRED BÖCKL

VERBORGENE SCHÄTZE IN BAYERN

Wo und wie man im Freistaat heidnische Opfergaben, Münzhorte, Waffen, Schmuckstücke und andere historische Relikte finden kann

SüdOst Verlag

Bibliografische Information der Deutschen Nationalbibliothek

Die Deutsche Nationalbibliothek verzeichnet diese Publikation in der Deutschen Nationalbibliografie; detaillierte bibliografische Daten sind im Internet über http://dnb.dnb.de abrufbar.
ISBN 978-3-86646-782-8

1. Auflage 2017

ISBN 978-3-86646-782-8

www.gietl-verlag.de

Titelbild:
Schatztruhe: 123RF.com, Urheber: olegdudko
Himmel: Pixabay.com
Keltengold links: Gerhard Hirsch Nachfolger, Auktion 293, 25.09.2013, Lot number: 2014
Keltengold rechts: Gorny & Mosch, Auktion 240, Nr. 8, 10.10.2016
Burgruine Weißenstein: Tourist Information Regen

Inhalt

Bernstein, Keltengold und Rittersilber
Die fünf spektakulärsten Schatzfunde in Bayern

Heinrich Schliemann vertraute auf den Wahrheitsgehalt von Homers grandioser Erzählung „Ilias“. Der deutsche Amateurforscher des 19. Jahrhunderts ließ sich von präzisen Ortsangaben in Homers Geschichte über den Trojanischen Krieg leiten – und entdeckte das historische Troja, in dessen Ruinen sich zudem Schätze von immensem Wert fanden.

Ähnliches geschah im Jahr 1988 in der Gemeinde Kranzberg im bayerischen Landkreis Freising. Dort gingen der Arzt und Amateurarchäologe Dr. Manfred Moosauer und dessen Bekannte Traudl Bachmaier einer uralten Sage nach. „Zwischen Tünzhausen, Bernstorf und Kranzberg liegt eine versunkene Stadt“, heißt es in dem Sagentext – und tatsächlich fanden die beiden Hobbyarchäologen auf einem Hügel im Kranzberger Ortsteil Bernstorf die Überreste einer mächtigen bronzezeitlichen Ansiedlung.

Die vorgeschichtliche Stadtanlage erstreckte sich vor etwa dreieinhalbtausend Jahren über ein Areal von circa 14 Hektar und war von starken Wällen geschützt. Nach ihrer Entdeckung durch die beiden Amateurarchäologen wurden umfangreiche wissenschaftliche Untersuchungen durchgeführt, und es wurde klar: Die versunkene Stadt war einstmals die wohl wichtigste bronzezeitliche Herrschafts- und Handelsmetropole nördlich der Alpen.

Diese Erkenntnis ergab sich unter anderem auch aufgrund von spektakulären Funden, die Dr. Moosauer und Traudl Bachmaier innerhalb der Wallanlagen der vorgeschichtlichen Stadt machten. Es handelte sich um einen dreieckig gestalteten Bernstein, auf dem ein menschliches Antlitz und mykenische Schriftzeichen zu erkennen sind; außerdem um ein goldenes, mit reichen Verzierungen versehenes Kronendiadem sowie um Hals- und Armringe, Gewandfibeln, Dolche und Äxte aus Edelmetall oder Bronze und schließlich um große Schmucknadeln, die aus ägyptischem Gold gefertigt wurden.

Dieser Schatz von Bernstorf befindet sich heute im Kranzberger Bronzezeitmuseum, das infolge des Wiederauffindens der vorgeschichtlichen Stadtanlage entstand – aber auch anderswo in Bayern können höchst wertvolle Schatzfunde bewundert werden.

So ist im Kelten-Römer-Museum in Manching bei Ingolstadt ein keltischer Goldschatz zu sehen, der 1999 auf dem Gelände eines ehemaligen latènezeitlichen Oppidums entdeckt wurde, von dem sich bis in die Gegenwart herauf Teile der Umwallung erhalten haben. Diese keltische Stadt wurde im vierten Jahrhundert v. d. Z. gegründet und blühte bis ins letzte vorchristliche Jahrhundert; dann wurde sie von ihren Bewohnern verlassen – wahrscheinlich, weil die Kelten einen militärischen Vorstoß der Römer über die Alpen befürchteten; einen Großangriff, der sodann im Jahr 15 v. d. Z. brutale Realität wurde.

Das Oppidum besaß eine Größe von 380 Hektar, war von einer sieben Kilometer langen Wehrmauer umgeben und konnte um die 10.000 Menschen – Druiden, Adelskrieger, Händler, Handwerker, Bauern und Pferdezüchter mit ihren Familien – beherbergen. Seine Lage an der Einmündung der Paar in die Donau ermöglichte weitreichende Handelsbeziehungen auf den Wasserwegen, sodass die Manchinger Kelten sehr wohlhabend wurden – und einige Generationen bevor die Stadt aufgegeben wurde, gelangte der oben erwähnte Schatz in die Erde.

Der im Jahr 1999 wiedergefundene Hort besteht aus 450 Goldmünzen und einem großen Goldklumpen; die Münzen wurden allesamt in Böhmen hergestellt, wohin die Manchinger Kelten offenbar intensive Kontakte pflegten. Aus welchem Grund der Goldschatz einige Zeit vor dem Niedergang des Oppidums vergraben wurde, ist ungeklärt – klarer ist hingegen der Hintergrund eines Fundes von Silbermünzen in Manching, der 1936 gemacht wurde. Zusammen mit diesen Münzen wurden nämlich auch Gussformen für Rohsilber und Münzprägestempel entdeckt, weshalb gesichert ist, dass es in der latènezeitlichen Keltenstadt eine Münzstätte gab.

Ebenfalls aus der späteren Keltenzeit stammt ein Schatz, der 1987 in Wallersdorf bei Landau/Isar ganz zufällig entdeckt wurde. Beim Umgraben seines Gartens stieß ein Hausbesitzer auf 368 Regenbogenschüsselchen: keltische Goldmünzen, die aufgrund ihrer Form an winzige Schüsseln erinnern. Dieser Münzhort stammt aus dem zweiten Jahrhundert v. d. Z.; er war lange im Niederbayerischen Archäologiemuseum in Landau zu besichtigen. Von dort aber wurde er im Jahr 2015 an die Archäologische Staatssammlung in München abgegeben, weil das Landauer Museum aus nicht wirklich nachvollziehbaren Gründen stark verkleinert wurde.

Im Gäubodenmuseum der niederbayerischen Stadt Straubing ist neben zahlreichen anderen Exponaten auch ein europaweit berühmter Römerschatz zu sehen. Er wurde 1950 auf dem Areal des einstigen römischen Militärlagers Sorviodurum, das im Bereich des heutigen Straubinger Petersfriedhofes lag, im Zuge einer Ausgrabung entdeckt.

Prunkstücke des Hortes sind höchst eindrucksvolle Gesichtshelme sowie kunstvoll verzierte Beinschienen von Offizieren und ähnlich aufwändig geschmückte Ross-Stirnen aus der römischen Kaiserzeit – und man nimmt an, dass dieser Schatz angesichts eines feindlichen Angriffs auf das Militärlager vergraben wurde und später, weil die Garnison unterging, nicht mehr gehoben werden konnte.

Der Straubinger Römerschatz zählt zu den wertvollsten Funden seiner Art in Deutschland. (Foto: Gäubodenmuseum Straubing/Fotowerbung Bernhard)

Schließlich muss noch ein mittelalterlicher Schatz erwähnt werden, der im Jahreswechsel von 2007 auf 2008 in der oberbayerischen Burg Dollnstein im Landkreis Eichstätt ans Licht kam. Archäologen entdeckten in der Burganlage einen Topf, der rund 3000 Silbermünzen mit einem Gesamtgewicht von etwa zwei Kilogramm enthielt. Die Münzen stammen höchstwahrscheinlich aus dem 13. Jahrhundert und waren einst in der ehemaligen Burgstallung vergraben worden.

Das Gefäß, in dem sie sich befanden, war mit einer Axtklinge abgedeckt worden; diese wiederum hatte man mit einem großen Stein beschwert. Wann genau der Schatztopf in den Boden der Stallung gebracht wurde, ist unklar – die Wissenschaftler haben jedoch einen Verdacht: Zwischen 1250 und 1260 lagen nämlich die Hirschberger Grafen, denen die Feste Dollnstein damals gehörte, mit König Ottokar von Böhmen im bewaffneten Streit. Der böhmische Monarch ließ zu jener Zeit verschiedene Hirschberger Burgen belagern; auch Dollnstein gehörte dazu, und vermutlich wurde der Silberschatz deshalb im Stall in Sicherheit gebracht und später aus irgendeinem Grund nicht wieder geborgen.

Die fünf hier vorgestellten spektakulären Schatzfunde zeigen auf, welch immense materielle und historische Werte in bayerischer Erde entdeckt werden können. Die Schatzhorte von Kranzberg, Manching, Wallersdorf, Straubing und Dollnstein konnten mit Glück gefunden werden – andere Schätze hingegen sind zwar aus historischen Überlieferungen bekannt, doch blieben sie bis heute verschollen.

Und die beiden berühmtesten verlorenen Schätze Bayerns wollen wir nun im nächsten Kapitel kennenlernen.

Der Silberschatz des Kurfürsten Maximilian und der Hort des Ritters von Weichs

Der bayerische Herzog und spätere Kurfürst Maximilian I. war einer der schlimmsten Kriegstreiber des 17. Jahrhunderts. Ihn, einen fanatischen Katholiken, trifft die Hauptschuld am Ausbruch des Dreißigjährigen Krieges im Jahr 1618. Der Wittelsbacher Maximilian profitierte bald darauf sogar noch vom Religionskrieg zwischen katholischen und protestantischen Heeren, weil es ihm 1623 gelang, vom Landesherzog zum Kurfürsten des Heiligen Römischen Reiches aufzusteigen. Anno 1648 indessen, im letzten Kriegsjahr, schlugen seine zutiefst hasserfüllten antiprotestantischen Taten auf ihn zurück.

Eine schwedische Armee, die von französischen Einheiten unterstützt wurde, fiel nach Bayern ein, dezimierte die dortigen katholischen Truppen und rückte gegen München vor. Da der Fall seiner Residenzstadt drohte, blieb dem Kurfürsten kein anderer Ausweg als die Flucht. Zusammen mit seiner Familie, seinem Hofstaat und seinen Leibwächtern zog sich Maximilian zunächst eilig nach Wasserburg zurück, und auf Fuhrwerken wurde der wittelsbachische Hausschatz mitgeführt: insbesondere schwere Lasten von wertvollem silbernen Tafelgeschirr.

Am Wasserburger Innhafen bestiegen der Kurfürst und seine Begleiter eine Reihe von Flussbooten; auch der Schatz wurde auf mehrere der Innplätten verladen. Dann legten die Boote vom Ufer ab und wurden stromabwärts gesteuert: in Richtung Mühldorf, der ersten Station des Fluchtweges nach Passau, Linz und Wien.

Schon nach wenigen Stunden jedoch, noch ehe Mühldorf erreicht wurde, kam es zu einem Unfall. Eines der Schatzboote kollidierte mit dem Tragepfeiler einer Innbrücke, zerbarst an dem Hindernis, kenterte und versank. Etliche Männer, die sich auf der Plätte befunden hatten, ertranken; jener Teil des Silberschatzes, der auf dem Boot transportiert worden war, verschwand in der Tiefe des Innflusses.

Angesichts der Bedrohung durch die feindlichen Truppen versuchten die Begleiter Maximilians gar nicht erst, das verlorene Tafelgeschirr wieder aus dem Inn zu bergen. Notgedrungen setzten die Münchner ihre hastige Flucht fort; der Silberschatz blieb auf dem Flussgrund liegen und sollte auch später nicht mehr aufgefunden werden. Lediglich einige wenige Einzelstücke des Silbergeschirrs wurden im Lauf der folgenden Jahrhunderte zufällig von Berufsfischern oder Freizeitanglern aus dem Innwasser gezogen; das Gros des Kurfürstenschatzes aber ist bis auf den heutigen Tag verschollen.

Aufgrund moderner Recherchen kann gesagt werden, dass der Wert des im Inn versunkenen Silberschatzes – Prachtkelche, Prunkteller, große Servierplatten, Tafelbecher und anderes Luxusgeschirr – immens ist. Das Gesamtgewicht der verlorenen Bootsladung wird auf mehr als vier Zentner geschätzt, und die silbernen Antiquitäten würden auf dem derzeitigen Markt ungefähr zweieinhalb Millionen Euro einbringen.

Daher ist es kein Wunder, dass es immer wieder Schatzsucher gab, die auf dem Inngrund zwischen Wasserburg und Mühldorf ihr Glück versuchten. Doch alle diese Unternehmungen blieben, von den paar Zufallsfunden abgesehen, erfolglos – und der Grund dafür ist folgender: Die Brücke, an welcher die Schatzplätte scheiterte, existiert schon lange nicht mehr, weshalb der exakte Unfallort seit vielen Generationen nicht bestimmt werden kann. Zudem verteilten sich die wenigen Funde, die von Fischern oder Anglern gemacht wurden, auf einen relativ langen Flussabschnitt, was bedeutet: Zumindest einzelne Teile des verlorenen Schatzes müssen im Lauf der Zeit von der Innströmung vom Unfallort weggeschwemmt worden sein.

Wollte man den Silberschatz, respektive sein Gros bergen, so müsste man wissen, wo die Flussbrücke einst gestanden hat. Topographische Angaben darüber sind aber aus der Zeit Maximilians nicht erhalten; auch sonst fehlen eindeutige Aufzeichnungen. Deshalb bleibt nur eine Möglichkeit, den Brückenplatz mit einigermaßen reeller Wahrscheinlichkeit zu bestimmen – mit Hilfe alter Landkarten.

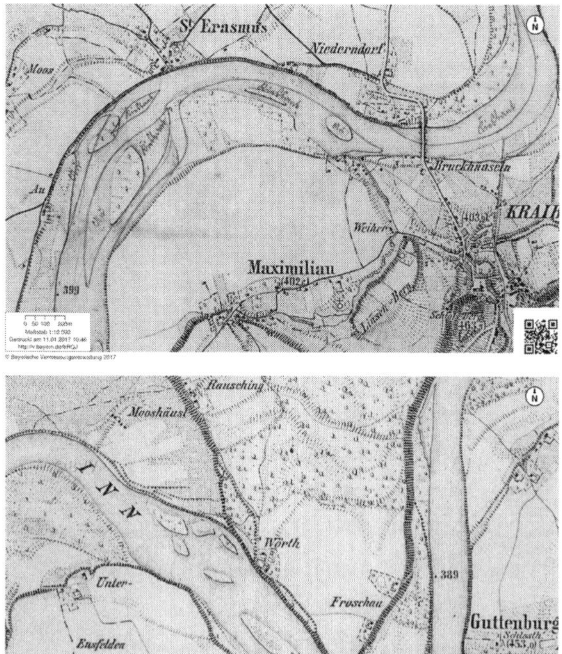

Die drei Flussabschnitte des Inn zwischen Wasserburg und Mühldorf, wo die Brücke gestanden haben könnte, an welcher das Schatzboot des Kurfürsten Maximilian verunglückte. (Bildquellen: Kartenviewer des Freistaates Bayern; Uraufnahme 1808 – 1864)

Die drei hier vorgestellten Kartenausschnitte zeigen den Fluss so, wie er in früherer Zeit aussah. Zu finden sind diese Landkarten im Internet unter dem Suchbegriff „BayernAtlas – der Kartenviewer des Freistaates Bayern".

Dieses leicht zu bedienende elektronische Kartenwerk zeigt die von 1808 bis 1864 entstandenen geographischen Uraufnahmen der bayerischen Landesteile. Über das Suchfeld kann zum damals noch unregulierten Inn zwischen Wasserburg und Mühldorf navigiert werden, und wenn man dies tut, wird man im Bereich zwischen den Ortschaften Jettenbach und Oberflossing (sehr viel näher bei Mühldorf als bei Wasserburg gelegen) auf die drei hochinteressanten Flussabschnitte stoßen, wo der Silberschatz des Kurfürsten Maximilian auf seine Entdeckung warten könnte. Denn in jedem dieser Innabschnitte gab es einstmals Inselgruppen oder größere Inseln, die einen relativ einfachen Brückenschlag über den Strom ermöglicht hätten, und daher könnte die Schatzplätte im einen oder anderen dieser Flussabschnitte versunken sein.

Die erste dieser Stellen lag etwas nordöstlich von Jettenbach auf der Höhe von Kraiburg. Ziemlich genau nördlich des Dorfes Maximilian (vielleicht ein Omen?) zeigt die Karte zwei umfangreiche Eilande mit vorgelagerten Sandbänken im Inn, die einen in der Frühen Neuzeit vermutlich hölzernen Brückenbau sehr erleichtert hätten.

Ein Stück weiter stromabwärts befand sich am nördlichen Innufer gegenüber von Guttenburg die Ortschaft Wörth (heute nur noch eine große Hofstätte), und auch dort gab es früher Inseln; eine ganze Inselgruppe von sechs Eilanden sogar. Zudem deutet der historische Ortsname Wörth, der in altertümlicher bayerischer Sprache nichts anderes als eine Flussinsel bezeichnet, darauf hin, dass an dieser Stelle schon immer eine oder mehrere Inseln existierten, und das macht den Stromabschnitt bei Guttenburg/Wörth zu einem weiteren heißen Kandidaten für die Suche nach dem Kurfürstenschatz.

Aber auch eine Stelle westlich von Oberflossing, das bereits nahe bei Mühldorf liegt, könnte der Schauplatz der Bootshavarie gewesen sein.

Denn im Westen dieses Ortes lag ebenfalls ein großes Eiland im Inn, welches die Flussbreite auf weniger als die Hälfte reduzierte, weshalb dort ebenfalls ein leichter Brückenschlag möglich gewesen wäre.

Interessant bei der Untersuchung der historischen Landkarte ist schließlich noch die Tatsache, dass es anderswo auf der Fluss-Strecke zwischen Wasserburg und Mühldorf keine weiteren nennenswerten Inseln oder Inselgruppen gab. Eine technisch relativ einfache Überbrückung des Stromes wäre also nur an den drei genannten Stellen möglich gewesen, und da die Menschen vergangener Zeiten bei solchen Baumaßnahmen sicher darauf achteten, den Weg des geringsten Widerstandes zu gehen, spricht sehr viel dafür, dass die Brücke, wo das Schatzboot scheiterte, entweder beim Dorf Maximilian oder aber bei Guttenburg/Wörth beziehungsweise Oberflossing gelegen haben muss.

So viel zum verschollenen Silberschatz des bayerischen Kurfürsten – und nun wollen wir uns einem steinreichen mittelalterlichen Ritter zuwenden, der einen riesigen Goldschatz in den bayerischen Voralpen versteckt haben soll.

***

Eine Sage (Quelle: Willibald Schmidt: „Sagen aus dem Isarwinkel“. Bad Tölz 1936) berichtet über diesen Adelsherrn:

Vor tausend Jahren saß auf seiner Burg bei Ohlstadt der Ritter von Weichs. Oben am Heimgarten hatte er ein Goldbergwerk, aus dem er unermessliche Schätze in seinen Truhen sammelte. Als aber die Hunnen in Bayern einfielen, Kirchen und Klöster, Dörfer und Burgen anzündeten und plünderten, da wollte er seinen Reichtum vor den flinken gelben Räubern in Sicherheit bringen. Mehr als dreißig Maultiere schleppten die Kisten auf den Heimgarten. Dort versteckte er sie in den tiefen Gängen seines Bergwerks. Dann schüttete er die Eingänge mit Felsblöcken zu, dass sie niemand mehr erkennen sollte. Für sich aber meißelte er die Ziffer V (die lateinische Fünf; Anmerkung des Autors) in etliche Steine als Merkzeichen. Dann ritt er mit seinen Kriegsknechten über das Gebirge nach dem Land Italien, um erst zurückzukehren, wenn die Hunnen wieder in ihre ungarische Heimat abgezogen wären. Aber auf der Reise wurde er von Räubern überfallen und samt seinem ganzen Tross erschlagen. So blieben die Schätze des Ritters von Weichs in den Tiefen des Heimgartens vergraben. Später behaupteten oft alte Jäger und Wurzelgräber, dass sie oben in den Felshängen die Ziffer V gelesen hätten, aber den Goldschatz konnte doch niemand ans Licht bringen.

Hier muss zunächst grundsätzlich angemerkt werden, dass Sagen zwar stets einen wahren Kern haben; dass sich aber um diesen Kern manchmal erzählerische Elemente ranken, die historisch nicht unbedingt hieb- und stichfest sind, weil beispielsweise verschiedene geschichtliche Ereignisse im Lauf der oft jahrhundertelangen mündlichen Sagentradierung miteinander vermischt wurden.

Im Fall des hier zitierten Sagentextes scheinen zwei unterschiedliche Volkserinnerungen vermengt worden zu sein. Zum einen geht es gleich am Anfang um die Ungarneinfälle (nicht Hunneneinfälle) in Bayern, die sich, wie die Sage einigermaßen richtig angibt, im frühmittelalterlichen zehnten Jahrhundert ereigneten. Zum anderen erzählt die alte Überlieferung vom Goldbergbau in den bayerischen Voralpen, der allerdings zur Zeit der Ungarnkriege (in welcher Epoche es außerdem noch keine Ritterburgen gab) gewiss nicht betrieben wurde. Der Abbau von Gold und Silber im Gebirge fand erst im Hoch- und Spätmittelalter statt, weshalb der reiche Ritter von Weichs in diese Zeit gehört – und dort auch dingfest gemacht werden kann.

Die Weichser Adelsherren residierten vom frühen 13. bis zum 15. Jahrhundert hauptsächlich auf ihrer Stammburg Weichs an der Glonn im heutigen Landkreis Dachau. Von Generation zu Generation bekleideten sie das wichtige Erbkämmereramt des Bistums Freising, und Anno 1410 wurde der Freiherr Degenhart von Weichs sogar zum Freisinger Bischof geweiht. Einige Zeit zuvor, im 14. Jahrhundert, lebte ein anderer Edler von Weichs jedoch nicht auf der Stammburg seines Geschlechts oder am Bischofssitz in Freising, sondern auf der Schauenburg in der Gemarkung Ohlstadt bei Garmisch-Partenkirchen – und bei diesem Ritter muss es sich um den Adligen handeln, um den sich die Sage dreht.

Denn jener Weichser Ritter besaß eine Goldmine im nahe der Schauenburg gelegenen Heimgarten: einem schroffen Bergzug, der sich über dem Kochel- und dem Walchensee erhebt. Dort ließ er das wertvolle Edelmetall abbauen und wohl auf seiner Festung zu Barren und Münzen weiterverarbeiten, und im Lauf der Zeit häufte er auf diese Weise einen gewaltigen Schatz an.

Dann aber brach eine Fehde zwischen dem Ritter und der Reichsstadt Augsburg aus. Augsburger Söldner belagerten die Schauenburg – allerdings vergeblich; nach einiger Zeit zogen sie, ohne die Feste eingenommen zu haben, wieder ab. Der Weichser Ritter fürchtete jedoch offenbar einen weiteren Angriff seiner Feinde, weshalb er nun seinen Goldschatz in Sicherheit bringen wollte. Er ließ den Schatz, so die örtliche Volksüberlieferung, auf fünfzehn Maulesel (nicht dreißig Maultiere, wie in der Sage) verladen und ihn zu seiner Goldmine im Heimgarten transportieren. In dem Bergwerk, wohl in einem der Abbaustollen, wurden die Behälter mit dem Edelmetall versteckt; danach ließ der Weichser Ritter den Zugang und möglicherweise auch den Pfad zur Mine mit Steinen und Felsblöcken verschütten.

Damit der Goldschatz aber später wiedergefunden werden konnte, brachte der Weichser Adelsherr an verschiedenen Stellen des Berges in den Fels eingemeißelte Wegmarken an: jeweils die in der Sage erwähnte römische Ziffer V. Nachdem dies getan war, zog der Adlige, um aus der Reichweite seiner Augsburger Feinde zu kommen, samt seinen Gefolgsleuten nach Italien ab. Sein Exil konnte er aber später nicht mehr verlassen; er verstarb jenseits der Alpen – und daher wurde der Schatz im Heimgarten nicht wieder gehoben.

Die fünfzehn Maulesellasten an Gold sollen sich bis auf den heutigen Tag irgendwo in den Bergwerksstollen befinden. Immer wieder wurde in den vergangenen Jahrhunderten nach ihnen gesucht, doch niemand konnte den Minenzugang und damit den Schatz ausfindig machen.

In den Fünfziger Jahren des 20. Jahrhunderts allerdings fand eine Frau im Erdboden auf der Kaseralm, die unweit des Heimgartens liegt, zwei mittelalterliche Goldmünzen, die jedoch nicht aus dem 14. Jahrhundert, also dem Spätmittelalter, stammten, sondern nach wissenschaftlicher Untersuchung auf das Hochmittelalter datiert wurden.

Es ist möglich, dass der Schatz des Ritters von Weichs nicht nur aus Gold bestand, das zu seinen Lebzeiten geschürft und verarbeitet wurde; zu dem Hort, der im Bergwerk verborgen wurde, könnten durchaus auch ältere Münzen sowie andere wertvolle Gegenstände aus dem ererbten Familienbesitz des Adligen gehört haben. So gesehen, könnten die beiden hochmittelalterlichen Geldstücke von der Kaseralm durchaus Bestandteil des Weichser Schatzes gewesen und vielleicht während des Maulesel-Transports zur Heimgarten-Mine verloren worden sein.

Mitte des 20. Jahrhunderts motivierte der Münzfund der Frau zahlreiche andere Menschen dazu, im Heimgarten nach dem verschollenen Goldschatz zu suchen. Aber diese Leute blieben ebenso erfolglos wie alle anderen vor ihnen – und dies, obwohl der Ritter von Weichs doch seine Wegmarken im Heimgarten-Gebiet angebracht hatte. Freilich kamen zu den ursprünglichen V-Meißelungen in späteren Zeiten viele weitere von ganz ähnlicher Art hinzu, weil es nämlich immer wieder Spaßvögel gegeben hatte, die solche Zeichen an willkürlichen Plätzen in den Fels schlugen, um Schatzsucher zu narren.

Die falschen Wegmarken könnten jedoch unter Umständen von den echten unterschieden werden. Nämlich dann, wenn man annimmt, dass der Weichser Burgherr gar keine römischen Fünfen ins Felsgestein meißelte, sondern Symbole von Pfeilspitzen, die ja ebenfalls V-Form haben. Solche V-förmigen Orientierungsmarkierungen müssten jedoch logischerweise mit ihren Spitzen eine waagrechte oder vielleicht auch schräg nach oben oder unten weisende Wegrichtung angeben, während die falschen, als lateinische Ziffern gedachten Fünfen mit ihren Spitzen zum Boden zeigen.

So ließe sich womöglich die Spreu vom Weizen trennen, und die waagrechten oder schrägen Pfeilmarken könnten ihre Wegweiserfunktion wieder erfüllen. Aber ungeachtet dessen wäre es zweifellos immer noch ein sehr schwieriges Unterfangen, den Ritterschatz wiederzufinden – doch eins ist gewiss: Der Hort, den der Weichser Adelsherr in seinem Bergwerk versteckte, muss nach wie vor irgendwo tief im Felsgeklüft liegen, und wenn jemand das Glück hätte, den Schatz zu entdecken, so wäre er mit einem Schlag Multimillionär.

Damit haben wir auch das zweite große Schatzrätsel Bayerns kennengelernt – und in den folgenden Kapiteln wollen wir uns mit einer ganzen Reihe von weiteren Hinweisen auf verborgene Schätze der unterschiedlichsten Art beschäftigen.

Irgendwo im Heimgarten-Bergmassiv bei Ohlstadt liegt der Schatz des Ritters von Weichs bis heute verborgen. (Foto: Gäste-Information Ohlstadt)

Achtunddreißig bayerische Sagen als Wegweiser zu verschollenen Schätzen

Die bronzezeitliche Stadt von Bernstorf wurde aufgrund einer örtlichen Sage wiederentdeckt, und auch der Goldschatz des Ritters von Weichs geriet dank einer sagenhaften Überlieferung über viele Generationen hinweg nicht in Vergessenheit. Doch auch anderswo weisen Lokalsagen manchmal auf verborgene Schätze hin, und gut drei Dutzend solcher Sagentexte werden wir nun kennenlernen.

Alle diese geheimnisvollen Volksüberlieferungen wurden in seriösen Sagensammlungen veröffentlicht. Entweder in der dreibändigen Sammlung „Sagenbuch der Bayerischen Lande“ von Alexander Schöppner aus dem 19. Jahrhundert, wobei vom Autor aber eine moderne Ausgabe benutzt wurde, die 1990 unter dem Titel „Bayrische Sagen“ im Weltbild Verlag erschien – oder in den Sammlungen „Sagen aus Niederbayern“ und „Sagen aus der Oberpfalz“ von Emmi Böck, die 1977 beziehungsweise 1986 im Pustet Verlag publiziert wurden.

Die Sagentexte wurden der neuen Rechtschreibung angeglichen und um des besseren Verständnisses willen gelegentlich sprachlich behut-

Sagensammlungen können wertvolle Wegweiser zu schatzträchtigen Orten sein. (Foto: Battenberg-Gietl Verlag)

sam bearbeitet. Manche Sagen wurden auch gekürzt. Veraltete Ortsnamen erscheinen in der heutigen Schreibweise.

Hier nun die einzelnen Sagen und ihre Interpretationen, die nach bayerischen Regionen geordnet wurden.

Schatzsagen aus Niederbayern

Der Schatz im Schlossberg (Winzer, Landkreis Deggendorf)

Als noch das Schloss Hochwinzer stand, lebte in Winzer ein Hafnergeselle, der einen Erdspiegel besaß. Mit diesem konnte er alle Schätze finden, die unter der Erde verborgen waren. Eines Tages zeigte der Erdspiegel an, dass im Schlossberg Geld vergraben liege. Der Mann ging nachts um zwölf Uhr mit einem Nachbarn zu der betreffenden Stelle und grub und grub. Endlich stieß er auf eine Eisenkiste, die ganz mit Gold und Silber gefüllt war. Als die beiden Männer die Kiste mit großer Mühe ans Tageslicht gebracht hatten, kam der Pfleger über die Schlossbrücke gegangen. „Der Pfleger kommt!“, rief einer der Schatzgräber. Da war der Schatz verschwunden. (Böck)

***

Am Fuß des Burgberges von Winzer wurden römische Relikte gefunden: eine Münze sowie Teile von Keramikgeschirr. Der Ort an der Donau scheint also bereits in der Römerzeit besiedelt gewesen zu sein. Im elften Jahrhundert wurde die Burg Hochwinzer erbaut; 1744, während des Österreichischen Erbfolgekrieges, wurde die Festung durch eine gewaltige Sprengung zerstört. Später wurde die Ruine von den Leuten der Umgebung als Steinbruch genutzt, und heutzutage sind nur noch Ruinenreste erhalten.

Im Zuge der brutalen Niederlegung der Feste mit Hilfe von Schwarzpulver könnten durchaus wertvolle Gegenstände in den Boden geraten sein. Es ist auch nicht auszuschließen, dass unterirdische Gewölbe verschüttet wurden, und ein solcher Gewölberaum, vielleicht in einem Turmfundament, könnte vor der Zerstörung der Burg als Münztresor gedient haben. Womöglich bezieht sich die Sage darauf und bewahrt damit eine Erinnerung an verlorenes Gold und Silber, das noch immer im Untergrund der Ruine ruht – und die Schatzgräber könnten ihr Glück kurz nach der Sprengung von Hochwinzer versucht haben, was auch das Auftauchen des Burgpflegers erklären würde, den es zu jener Zeit ja gegeben haben muss.

In der Tiefe des Burgberges könnten aber noch ganz andere Dinge als frühneuzeitliche Schätze zu finden sein. Ein Bewohner des Marktes Winzer erzählte dem Autor nämlich folgende Geschichte: 1945, bei

Kriegsende, hätten deutsche Wehrmachtssoldaten zahlreiche Waffen und viele Munitionskisten in einen unterirdischen Gang gebracht, der vom Ruinenareal zu einem Bauernhof in der Nähe geführt hätte. Später hätten amerikanische Soldaten das Waffenarsenal entdeckt und den Stollen daraufhin mit Sprengstoff zum Einsturz gebracht, um den Deutschen einen Zugriff auf das Waffenlager unmöglich zu machen. Und das heißt: Unter dem Schutt des zusammengestürzten Ganges müsste bis heute viel Kriegsgerät aus dem Zweiten Weltkrieg liegen.

Der Pichelstein
(Grattersdorf, Landkreis Deggendorf)

Der Pichelstein bei Grattersdorf war vor mehr als tausend Jahren ein stattliches Felsenschloss. Darinnen wohnte ein schönes Fräulein mit einem ungeheuren Schatz von Silber und Gold. Weil nun ihr ganzes Herz an dem Schatz hing, so gab sie auch der Liebe kein Gehör und verschmähte die Anträge ihrer Freier. Unter diesen war ein Zauberer namens Elso, der schwor dem stolzen Fräulein Rache und verwünschte ihr Schloss in Stein. Augenblicklich wurde die stattliche Burg in einen Felsen verwandelt, in dem nun die reiche Maid eingeschlossen war.

Doch war ihr vergönnt worden, an einem bestimmten Tag des Jahres wieder ans Tageslicht zu kommen und ihr Geld zu zählen. Jedes Jahr am hohen Fronleichnamsfest, wenn es zur Wandlung läutet, öffnet sich eine verborgene Tür im Felsen, und das stolze Fräulein wandelt ans Tageslicht. Schon manche haben sie dann auf dem Schatz sitzen und ihre Haare kämmen sehen. Zwölf Sekunden währt die Erscheinung; danach ist keine Spur mehr von ihr zu sehen. (Schöppner)

***

Wenn in bayerischen Sagen eine oder mehrere schöne Frauen auftauchen, die einen Schatz hüten, so wird dadurch meistens eine Erinnerung an die vorchristliche keltische Religion ausgedrückt. Denn im Mittelpunkt der keltischen Spiritualität steht die Große Göttin, die sich als einzelne Frau, als Frauenpaar oder als Frauentrinität zeigen kann und die den Schatz des Wissens um die Wiedergeburt hütet. Oft wird sie in den Sagen irgendwohin verbannt, was den Sieg des Christentums über das Heidentum symbolisiert. Doch zu bestimmten Jahreszeiten, die stets auf heidnische Sakralzeiten zurückgehen, kann die Göttin den Menschen wieder erscheinen.

Im Fall der schönen Frauengestalt auf dem Pichelstein fällt die Zeit ihres jährlichen Erscheinens mit dem katholischen Fronleichnamsfest zusammen. Dieses Fest wird immer kurz nach Pfingsten begangen und liegt damit stets nahe am 21. Juni: nahe der Sommersonnenwende. Anlässlich dieses Sommer-Solstitiums wurde aber in keltischer Zeit ein wichtiges Jahreskreisfest gefeiert, in dessen Verlauf für die Lebens- und Wiedergeburtskraft der Göttin und ihres Partners, des Sonnengottes, gedankt wurde.

Während dieses Sakralfestes fanden sicher auch Opferungen statt, und so kann es einst durchaus auch auf dem Pichelstein gewesen sein. Es scheint ganz so, als wäre der Felsgipfel dieses Berges bei Grattersdorf ein keltischer Sakralort gewesen, wo Opfergaben niedergelegt wurden – und womöglich verbergen sich dort bis heute wertvolle Kleinodien aus der Keltenzeit.

Der Zanklberg
(Landau/Isar, Landkreis Dingolfing-Landau)

Auf dem Zanklberg am Hochgestade der Isar sollen vor undenklichen Zeiten drei Frauen gehaust haben. (…) Als einst ein Bauer am Zanklberg ackerte, fand er eine Kiste mit einem Schlüssel. Als er die Kiste öffnen wollte, gingen die Pferde durch. Er eilte ihnen nach. Als er wieder zurückkam, hatte er zwar den Schlüssel, aber die Kiste war verschwunden. Der Schlüssel war längere Zeit in Landau verwahrt. (Böck)

***

Der Zanklberg (eigentlich ein Hügel) liegt westlich der Landauer Altstadt. Auf seinem auffällig flachen Plateau erhob sich einst eine mittelalterliche Burg, die allerdings völlig abgegangen ist. Geblieben sind nur das deutlich planierte Hügelplateau und ein hohlwegartiger ehemaliger Burggraben. Eigentümer der Burganlage waren die Grafen von Zulling-Ellenbrechtskirchen, deren Geschlecht im frühen 13. Jahrhundert ausstarb. Damit kam die Burg an das Herzogshaus der Wittelsbacher; nahe der Festung wurde etwa zur gleichen Zeit die Stadt Landau gegründet. Irgendwann in den darauffolgenden Jahrhunderten verfiel die Burg zur Ruine; deren Steine wurden sodann vermutlich von Landauer Bauherren nach und nach abgetragen, und zuletzt existierte nur noch der heutige Burgstall.

In der Sage wiederum wird zunächst einmal mehr auf die Göttin aus keltischer Zeit Bezug genommen, die hier als Trinität auftritt.

Danach wendet sich der Sagentext dem Mittelalter und der Volkserinnerung an die ehemalige Grafenfeste zu – und spricht außerdem von einer im Zanklberg verborgenen Kiste, mit der man unwillkürlich ein Behältnis mit wertvollem Inhalt assoziiert. Besonders interessant ist dabei die Erwähnung des Kistenschlüssels, der noch lange in Landau aufbewahrt worden sein soll.

Dies ist ein auffallend konkretes Informationselement – und gerade das deutet darauf hin, dass es sich bei der Kiste, welche der Bauer fand und dann wieder verlor, ebenfalls um einen ganz konkreten Gegenstand gehandelt haben muss: möglicherweise um eine kleine Truhe oder eine große Schatulle, die beim Ackern auf dem Hügelplateau ans Licht kam; die gleich danach aber, weil die Pferde durchgingen und die Erde deshalb bebte, wieder im Erdboden verschwand.

So etwas wäre durchaus möglich gewesen, sofern sich unter dem Behältnis ein Hohlraum befunden hätte: ein Spalt oder ein Loch im Ruinenuntergrund der einstigen Burg. Auf dem Plateau finden sich jedenfalls bis heute Stein- und Ziegeltrümmer der verschwundenen Festung, und angesichts dessen wird es bestimmt auch tiefer im Burghügel noch bauliche Überreste der Feste und vielleicht sogar erhaltene Teile von Kellergewölben geben, die nicht unbedingt fundleer sein müssten.

Die Erscheinung bei der Ruine (Dießenstein, Landkreis Freyung-Grafenau)

Ein Handwerker aus der Donaugegend hatte einmal um Preying, unweit der Saldenburg, zu tun und machte sich noch am Abend desselben Tages auf den Heimweg. Nachdem er einige Stunden einsam dahingewandert war (…), merkte er, dass er sich verirrt hatte. Um Mitternacht endlich sah er ein Licht. Er dachte, eine menschliche Wohnung zu finden. Aber er erschrak sehr, als er zu dem Licht kam. Vor ihm erhob sich die Schlossmauer von Dießenstein, und auf ihr saß eine Jungfrau. Die stieg lächelnd von ihrem Sitz herab und klopfte mit ihrem Stab auf die Erde. Der Boden tat sich auf, und ein Schatz von Gold und Edelsteinen wurde sichtbar.

Die Jungfrau stieg einige Stufen in die Gruft hinab, die sich geöffnet hatte, und bedeutete dem Mann, ihr zu folgen. Dieser aber blieb wie gebannt auf seinem Platz stehen. Nachdem er sich einigermaßen von seinem Schreck erholt hatte, floh er. Traurig schaute ihm die Jungfrau nach und winkte ihm hinterdrein. Plötzlich entstand ein unterirdisches Rollen. Dann herrschte wieder geheimnisvolle Stille. Spuk, Schatz und Jungfrau waren verschwunden. (Böck)

***

Die kleine, im Spätmittelalter erbaute Burg Dießenstein, die auf einem Felsstock über der Ilz emporragte, wurde Anno 1742 im Verlauf des

Österreichischen Erbfolgekrieges auf spektakuläre Weise zerstört. Zunächst wurde sie von einer Militäreinheit des österreichischen Barons Franz von der Trenck belagert und eingenommen; dann, als die überlebenden Verteidiger gefangengesetzt waren, inspizierte Trenck die Festung. Er untersuchte, mit einer Fackel in der Hand, auch die Kellergeschosse des Burgturmes. Dort aber befand sich das Pulvermagazin von Dießenstein, was Trenck nicht wusste, weshalb er unvorsichtig mit seinem Feuerbrand umging. Die Folge war eine fürchterliche Explosion, welche den Turm und weitere Burgteile einstürzen ließ. Trenck wurde schwer verwundet; nur mit knapper Not überlebte er – und als er wieder handlungsfähig war, ließ er die gesamte Burganlage schleifen.

Auch in dieser Sage taucht eine göttliche Frau auf, was damit zu tun hat, dass der Burgfels von Dießenstein in vorchristlicher Zeit ein paganes Heiligtum war. Darauf weist der Ortsname hin: Die Disen waren eine segenbringende Gruppe germanischer Göttinnen. Die Erwähnung der Jungfrau (einer Dise) erinnert also an die heidnische Bedeutung des Burgplatzes.

Diese Frau handelt nun recht realistisch, denn sie öffnet eine Gruft im Ruinenareal und steigt ganz irdisch über eine Treppe zu einem Schatzhort hinab. Dann fordert sie den Handwerker auf, ihr zu dem Schatz zu folgen, doch der Mann flieht verängstigt und ist deshalb außerstande, den Gold- und Juwelenschatz an sich zu bringen.

Wenn wir nun wieder ins Jahr 1742 zurückkehren, werden die Aussagen über die Treppe und die Gruft hochbrisant. Denn unter dem Burgturm gab es nach örtlichen Überlieferungen eine tiefe Felsspalte, die begehbar war. Sie wurde durch den einstürzenden Turm verschüttet, und es könnte gut sein, dass bei dieser Katastrophe wertvolle oder auch historisch bedeutsame Gegenstände, die sich in der Gesteinskluft befanden, unter dem Turmschutt begraben wurden, wo sie ihrer Wiederentdeckung harren.

Und es gibt noch ein geheimnisvolles Element in der Dießensteiner Ruine. Dort wo das Mauerwerk noch am besten erhalten ist und einen mehr oder weniger umschlossenen, nach oben offenen Raum bildet, liegt eine zentnerschwere rechteckige Steinplatte im Boden. In einer ihrer Ecken befinden sich zwei runde Löcher – und es ist nicht auszuschließen, dass diese Platte den Zugang, möglicherweise Treppenstufen, zu einem unterirdischen Gewölbe verbirgt.

Hadrians Grab
(Eining, Landkreis Kelheim)

Das Volk behauptet, dass Kaiser Hadrian seinen Nebensitz einige Jahre am Limes gehabt hätte. Und heute noch heißen einige Häuser, die nahe bei der Donau in den Hienheimer Forst hineingebaut sind, „Haderfleck".

Durch ein Unglück soll Hadrian an dieser Stelle ums Leben gekommen sein. Und es heißt, dass er in einen goldenen und in einen silbernen Sarg gelegt wurde, und dass ihn seine Leibwächter dann donauaufwärts gebracht haben und er gegenüber von Abusina (Eining; Anmerkung des Autors) nahe bei einem Eichenbaum begraben worden sei. Und wirklich steht da allein in weiter Flur eine Eiche. Aber der Schatz ist bis heute noch nicht gefunden (…). (Böck)

***

In Eining lag das recht bedeutende Römerkastell Abusina, das vom ersten bis zum fünften Jahrhundert als Grenzgarnison an der Donau diente und von dem sich bis heute umfangreiche Grundmauern erhalten haben. Und der römische Kaiser Hadrian (76 bis 138) kann sich zeitweise durchaus in diesem Kastell aufgehalten haben, denn er kümmerte sich höchstpersönlich intensiv um die Verstärkung der Grenzbefestigungen des Imperium Romanum, weshalb er nachweislich auch den Donau-Limes inspizierte. Die Anwesenheit Hadrians an dieser nassen Nordgrenze des Reiches ist für das Jahr 121 dokumentiert – aber verstorben ist der Kaiser nicht an der Donau, sondern in der Stadt Baiae am Golf von Neapel.

Der Tote, von dem in der Sage die Rede ist, könnte jedoch ein hoher römischer Offizier oder Zivilbeamter aus hadrianischer Zeit gewesen sein, der in Abusina residierte und am Rand des heutigen Hienheimer Forstes aufgrund eines Unglücks sein Leben verlor. Und der hochgestellte Verunglückte kann dann tatsächlich in der Nähe von Abusina bestattet worden sein – und zwar in einem Doppelsarg, dessen innere Schale vielleicht stellenweise vergoldet war, während der zweite, äußere Sarg silberne Applikationen hatte.

Als Kennzeichen für das reiche Grab gibt die Sage einen Eichenbaum an. Der existiert in unserer Zeit ganz bestimmt nicht mehr; es könnte sich allerdings unter Umständen lohnen, in der Nähe der Eininger Kastellfundamente nach einem alten Eichenbestand zu suchen, der womöglich auf die ursprüngliche Eiche zurückgeht ...

Der Schatz der Österreicher
(Furth, Landkreis Landshut)

Der alte Hebenstreiter Sepp erzählte: Die Schlacht bei Gammelsdorf im Jahr 1313 hat sich bei Arth aufgelöst, wobei die Österreicher unter Friedrich dem Schönen überstürzt fliehen mussten. Sie konnten deshalb einen Geldwagen, der bei Hebenstreit abgestellt war, nicht mehr mitnehmen. Wo aber dieser zurückgelassene Schatz hingekommen ist, weiß keiner. (Böck)

***

Der kleine Ort Hebenstreit gehört zur Gemeinde Furth im westlichen Landkreis Landshut. Nach dem noch ein Stück weiter im Westen gelegenen Gammelsdorf, wo der Habsburger Friedrich der Schöne und der Wittelsbacher Ludwig der Bayer im November des Jahres 1313 um die Vorherrschaft im Deutschen Reich kämpften, sind es nur zwei bis drei

Stunden zu Fuß. Es ist also nachvollziehbar, dass die Österreicher in Hebenstreit vor der Schlacht eine rückwärtige Stellung errichtet und eine Kriegskasse dort zurückgelassen hatten.

Wie die Sage weiter sehr präzise berichtet, musste diese Stellung nach der schweren Niederlage der österreichischen Truppen bei Gammelsdorf überstürzt aufgegeben werden, sodass offenbar niemand mehr auf den Wagen mit der Kriegskasse achtete. Weiter erzählt der Hebenstreiter Sepp, man wisse nicht, wo der Schatz geblieben sei.

Wahrscheinlich ist allerdings, dass der verwaiste Schatzwagen entweder von den Siegern der Schlacht oder von Einheimischen geplündert wurde. Dabei könnten freilich auch Münzen verlorengegangen sein, die in diesem Fall noch immer irgendwo bei Hebenstreit in der Erde liegen müssten. Und ein Tipp dazu: Man müsste an einem Platz suchen, der sich als militärische Stellung geeignet hätte; also gut zu verteidigen war.

Der Lacklböck
(Tittling, Landkreis Passau)

In der Lederergasse in Tittling lebte vor nicht sehr langer Zeit ein gescherter Bäcker (...). (Wegen seiner Geschertheit, also Grobheit, wurde er als Lacklböck, unflätiger Bäcker, bezeichnet; Anmerkung des Autors.)

Eines Tages fuhr er mit seinem Weib auf der alten Hohenwarter Straße zum Roden von Baumstöcken in den Schachert. Während sie dürres Holz zusammenlas, hieb er in der Nähe der Ruine Hohenwart den ersten Stock an. Kaum aber hatte er mit der Hacke dreingeschlagen, als aus dem Klotz ein goldener Sechser herausrollte. Bei jedem weiteren Hieb sprang wieder ein Sechser hervor. Da rief der Mann sein Weib herbei, um ihm das Teufelsstückchen vorzumachen und es die feinen Goldstücke in den Latz sammeln zu lassen (...). (Böck)

***

Der Weiler Hohenwart liegt einige Kilometer nördlich von Tittling ein kleines Stück östlich der B 85 im Bayerischen Wald. Auf dem Schlossberg, der sich unmittelbar westlich der B 85 und südwestlich von Hohenwart befindet, stand einst eine hochmittelalterliche Burg, die in den Hussitenkriegen im frühen 15. Jahrhundert zerstört wurde und heute völlig abgegangen ist, sodass nur noch ein Burgstall existiert.

Bei dem Areal nördlich, westlich und südwestlich des Schlossberges handelt es sich um den Schachert – und irgendwo dort fand der Tittlinger Bäcker die Sechser-Goldstücke, die offenbar schon sehr lange in der Erde gelegen hatten und im Lauf der Zeit in den unteren Teil eines Baumstammes eingewachsen waren.

Unter einem Sechser ist wohl eine Münze zu verstehen, welche das Gewicht von sechs Silberpfennigen hatte. Ein Silberpfennig brachte im Mittelalter etwa 1,6 Gramm auf die Waage; die Goldmünzen im Schachert müssten demnach jeweils knapp zehn Gramm gewogen haben, also von beträchtlichem Wert gewesen sein.

Und das wiederum kann eigentlich nur bedeuten, dass die Münzen aus dem Besitz der ehemaligen Hohenwarter Burgherren stammten. Irgendwann, am ehesten zur Zeit der Kämpfe gegen die Hussiten, wurden sie vermutlich vergraben oder gingen verloren – und möglicherweise entdeckte der Tittlinger Bäcker nur einen Teil dieses Schatzes, weshalb moderne Schatzsucher ebenfalls noch eine Chance im Schachert haben könnten.

Vom Schatz im Gnögei (Drachselsried, Landkreis Regen)

Im alten Schloss von Drachselsried lebte am Anfang des 17. Jahrhunderts ein mächtiger und reicher Herr, der jedoch seine Untertanen unterdrückte, wo er nur konnte. Alle fürchteten ihn, niemand liebte ihn, und so kam es, dass kein Tag verging, an dem er nicht von mindestens einem seiner Leute verwünscht und verflucht worden wäre.

Als der Dreißigjährige Krieg ausbrach und die Feinde schließlich auch in die entlegensten Winkel des Bayerischen Waldes kamen, flohen die ohnehin schon so gequälten Bewohner von Drachselsried und berichteten den Schweden vom Reichtum ihres Bedrückers.

Der aber hatte all sein Gold und Silber in mächtigen Truhen und Kisten im nahen Gnögei, einem Teil des Höhenzuges der Frath, verborgen. Die Feinde erschienen, durchsuchten das Schloss vom Dachboden bis zum Keller, fanden aber nur geringe Beute. Sie forderten, nach dem Ort geführt zu werden, wo die Schätze vergraben waren. Der Schlossherr jedoch beteuerte, nichts weiter zu besitzen. Da marterten sie ihn entsetzlich und gaben ihm den Schwedentrunk, sodass er elend starb. Im Tod hat er keine Ruhe und spukt noch in den Räumen seines ehemaligen Besitztums.

Der Schatz liegt noch im Gnögei vergraben, und keinem gelang es bisher, ihn zu heben (...). (Böck)

***

In den Räumen des Drachselsrieder Schlosses kann das Gespenst nicht mehr spuken, denn das Gebäude (es war ein Hofmarksschloss) existiert nicht mehr; einzig die Schlossbrauerei erinnert noch an den ehemaligen Herrensitz. Aber zumindest der Name des Hofmarksherrn, der dort in der Zeit des Dreißigjährigen Krieges lebte, kann noch eruiert werden: Der hartherzige Mann muss Preudorffer geheißen haben, denn eine Familie dieses Namens war von 1567 bis 1655 im Besitz der Drachselsrieder Hofmark.

Was nun die Frath und den Gnögei angeht, so liegt der Höhenzug der Frath ein Stück südlich der Ortschaft Drachselsried und wird heute vom Gutsgasthof Frath beherrscht. Der Gnögei oder auch Gnögelberg wiederum erhebt sich ziemlich genau auf halber Strecke zwischen dem Gutsgasthof Frath und dem Ort Grafenried, der nordnordwestlich des Gasthofes zu finden ist. Es handelt sich um den Gipfelgrat eines schroffen Hügelkammes, der heutzutage durch Wanderwege erschlossen ist und eine Höhe von etwa 700 Metern erreicht – und irgendwo dort oben muss der Hofmarksherr Preudorffer von Drachselsried seine Schatztruhen vergraben haben.

Der Schatz im Bürgerholz (Regen, Landkreis Regen)

Im Bürgerholz zu Regen sollen seit Schwedenzeiten ungeheure Schätze verborgen liegen.

Ein Bauer sah einmal, als er zur hellen Mittagszeit durch das Bürgerholz ging, bei einem Felsblock ein Kind sitzen, das die Arme um ein mit Gold gefülltes Kupferkesselchen geschlungen hatte. Freundlich lächelnd rief ihm das Kind zu: „Michl! Michl! Michl!“ Und als der Bauer auf den dreimaligen Anruf hin verdutzt stehenblieb, ohne aber zu antworten, da verzog das Kind das Gesicht zum Weinen und verschwand mit dem Schatz. (Böck)

***

Der zweite Absatz dieser Sage enthält einen heidnischreligiösen Bezug, der mit der Dreifachen Göttin der Kelten zu tun hat, welche den Schatz der Wiedergeburt hütet. Der Felsblock, bei dem das Kind sitzt, könnte ein vorchristlicher Sakralstein sein, und der kleine Kupferkessel steht für den Kessel des Lebens und der Wiedergeburt (den Schoß der Göttin) in der keltischen Mythologie.

Im ersten Absatz wiederum wird eine sehr konkrete, nichtreligiöse Aussage gemacht: Die Schätze, die im Bürgerholz verborgen sind, gehen auf die Schwedenzeit (den Dreißigjährigen Krieg) zurück; sie wurden also offenbar zu jener Zeit im Wald vergraben.

Fakt ist: Während des Dreißigjährigen Krieges wurde der Markt Regen dreimal von schwedischen Heeresverbänden angegriffen, nämlich

1633, 1641 und 1648. Angesichts dessen ist es sehr wahrscheinlich, dass wohlhabende Regener Bürger ihre Wertsachen in Sicherheit zu bringen versuchten – und zwar im Bürgerholz.

Dieses Bürgerholz (auch als Bürgerwald bezeichnet) liegt nordöstlich von Regen und grenzt westlich an den Regenfluss an. Jenseits des Flusses und ein kleines Stück nördlicher als der Bürgerwald befindet sich der Ort Schweinhütt. Und irgendwo im Bürgerholz, das nicht sonderlich groß ist, könnte man als Schatzsucher mit einigem Glück durchaus Erfolg haben und Münzen oder Pretiosen aus der Frühen Neuzeit entdecken.

Dies umso mehr, als es im Markt Regen bei den verschiedenen Schwedenangriffen viele Todesopfer gab, weshalb damals wohl so manches Behältnis mit wertvollem Inhalt nicht mehr aus dem Bürgerwald heimgeholt werden konnte.

Der vergrabene Arnstorfer Schatz (Arnstorf, Landkreis Rottal-Inn)

Es war Krieg. Feinde hatten Arnstorf durchzogen und hohe Abgaben verlangt. Da kam aus Eggenfelden die Botschaft, dass erneut fremde Soldaten im Anmarsch seien und furchtbar hausten; dass sie raubten, plünderten und mitnähmen, was sie an Geld und Gut fänden. Da trat der Rat des Marktes zusammen, und danach eilte der Gemeindediener von Haus zu Haus und verkündete, was der Gemeinderat beschlossen hatte.

Alle Bürger sollten noch vor Einbruch der Nacht ihr Bargeld, ihre Edelsteine und ihren Schmuck, gut verwahrt in einem Säckchen oder Strumpf und mit ihrem Namen versehen, ins Rathaus bringen. Der Schmied hatte inzwischen eine große Eichentruhe mit Eisen beschlagen. Da hinein kamen alle abgegebenen Schätze. Zur Mitternacht trugen sieben Männer die Truhe in den Wald und vergruben sie unter einer mächtigen Föhre. Sie beschworen, dass keiner jemals die Stelle verraten würde.

Jahre vergingen, der Krieg nahm kein Ende. Die sieben Männer wurden alt, einer nach dem anderen starb und nahm sein Geheimnis mit ins Grab. Zuletzt lebte nur noch der Schmied. Als er auf dem Sterbebett lag, ließ er seinen Sohn zu sich kommen, holte den Truhenschlüssel hervor und sagte: „Mein lieber Sohn. Niemand weiß mehr, zu welchem Schloss der Schlüssel gehört, den ich dir jetzt übergebe. Vor Jahren haben wir die Schätze unseres Marktes vergraben. In der Truhe liegt alles gut verwahrt. In jedem Säckchen in der Truhe ist ein Zettel, der dir sagt, wem es gehört. Gib jedem seinen Teil, sei ehrlich und rechtschaffen!"

Ein leiser Ruck ging durch den Körper des Sterbenden. Der Schmied schloss die Augen für immer. Sein Sohn rief noch: „Wo liegt der Schatz? Wo?" Aber von seinem Vater kam keine Antwort mehr. Und so weiß bis heute niemand den Ort, wo der Schatz vergraben liegt. (Böck)

Eine zweite, recht ähnliche Arnstorfer Lokalsage lautet so:

Während des Dreißigjährigen Krieges drang von Eggenfelden die Kunde heran, dass feindliche Reiterhaufen plünderten und es besonders auf die Schlösser abgesehen hatten. Da ließ der damalige Schlossherr eine Truhe aus Eisen anfertigen und barg darin seine Goldtaler, seinen Schmuck und andere Schätze. Dann vergrub er die Truhe im nahen Geißberg. Später trug er den Schlüssel zur Truhe immer bei sich, sagte aber niemandem, wo die Truhe lag. Als der Schlossherr auf dem Sterbebett lag, rief er seinen Sohn und übergab ihm den Schlüssel. Ehe er jedoch sagen konnte, wo die Truhe lag, verschied er. Deswegen blieb der Schatz bis heute verschollen (…).

***

Diese zweite Sage verortet das Geschehen in die Zeit des Dreißigjährigen Krieges, und an die Stelle der sieben Männer, die im Auftrag des Marktrates handelten, tritt der damalige Arnstorfer Adelsherr: ein Angehöriger des Geschlechts der Closen zu Arnstorf, die vom Hochmittelalter bis zum 19. Jahrhundert in dem Ort an der Kollbach residierten. Der Sageninhalt wird also ein ganzes Stück präziser – und es wird auch angegeben, wo die Schatztruhe vergraben worden sein soll: im Geißberg.

Dieser bewaldete Hügelzug erhebt sich am südöstlichen Ortsrand von Arnstorf über der kleinen Kirche „Maria Schnee", die wiederum unterhalb des Altenheimes „Lindner Stift" steht. Und irgendwo im Geißberg müsste sich die Truhe, die während des Dreißigjährigen Krieges verborgen wurde, noch immer befinden.

Das Spukweiblein
(Ichendorf/Konzell, Landkreis Straubing-Bogen)

Vor etwa eineinhalb Jahrhunderten kam in der Nacht (...) zur Füchslbäuerin in Ichendorf ein kleines, ganz zusammengeschrumpftes Weiblein. Leise wimmernd blieb es vor einem Fenster stehen und schaute mit geisterhaften Augen in die Stube. Da das Weiblein öfter kam, fragte die Bäuerin schließlich nach seinem Begehren. Das Weiblein erzählte weinend, dass im Kellerholz an der Straße nach Konzell an einer bestimmten Stelle eine Schüssel voll Geld vergraben sei, und dass die Bäuerin die Gnade habe, dieses Geld heben zu können. (...) Die Bäuerin traute sich jedoch nicht hin (...). (Böck)

***

Der Weiler Ichendorf liegt westlich von Konzell im Straubinger Vorwald. Genau in der Mitte zwischen den beiden Ortschaften erstreckt sich nördlich der Verbindungsstraße das Kellerholz, ein nicht sonderlich großes Waldstück. Und an dessen Südrand, nahe der Straße, soll laut der Sage die Schüssel mit dem Geld verborgen sein.

Es stellt sich die Frage, warum das alte Weiblein zwar um den Hort wusste, den Münzschatz aber nicht selbst hob. Der Grund könnte in der Gebrechlichkeit der alten Frau liegen, die laut Sagentext ja schon „ganz zusammengeschrumpft" war. Vielleicht suchte das Weiblein deshalb Hilfe beim Bergen des Hortes; eine Hilfe, die jedoch verweigert wurde, weshalb der Schatz nach wie vor am Südsaum des Kellerholzes liegen sollte.

Schatzsagen aus der Oberpfalz

Sagen von Chameregg (Chameregg, Landkreis Cham)

Wenn man über den Grund innerhalb des Wallgrabens (in der Ruine Chameregg; Anmerkung des Autors) hinschreitet, dröhnt es dumpf unter den Füßen, als ob man über ein Gewölbe schreiten würde. Daher geht die Sage von dem verschütteten Burgkeller, in dem auf steinernen Gantern uralter Rheinwein liege. (...)

Auch Schätze lässt das Landvolk hier vergraben sein und gibt an, zur Herbstzeit, an stillen Tagen, wo kein Lüftchen sich spüren lasse, drehe oft das auf dem Boden liegende Laub aus freien Stücken sich im Wirbel herum, und es funkle dann vor den Augen der Zuschauer wie Gold. Eine Frau, die eines Tages im Burggraben Streu sammelte, hatte angeblich den Mut, mit dem Rechen in das tanzende Laub zu schlagen, und es sprangen drei Goldstücke hinweg, die sie aufraffte. (...)

Wie eine andere Sage erzählt, waren Chameregg, die Burg auf dem benachbarten Lamberg, Chamerau, Buchberg und Püdenstorf einst gefürchtete Raubnester. Fünf Brüder hausten in diesen Schlössern und fügten (...) den vorüberziehenden Handelsleuten viel Unheil zu. (...) Endlich erhoben sich, des ewigen Unfriedens müde, die wehrhaften Männer der Grafschaft und trieben die Unholde von dannen. (Schöppner)

***

Chameregg liegt ein kleines Stück südöstlich von Cham; von der einstigen, auf das Hochmittelalter zurückgehenden Burg sind nur noch Ruinenreste erhalten. Am eindrucksvollsten ist der Ödenturm: der immer noch hoch aufragende Mauerwerksrest des ehemaligen Bergfrieds.

Im Untergrund des Ruinenareals könnte es wirklich noch Kellergewölbe geben, wie am Beispiel der Burgruine Weißenstein im Nachbarlandkreis Regen aufgezeigt werden kann. Am Fuß dieser Ruine nämlich, die sich nahe der Stadt Regen erhebt, wurde zu Beginn des 21. Jahrhunderts ein komplett erhaltener großer Kellerraum ausgegraben, von dem man bis dahin nichts wusste. Und falls auch in Chameregg noch unterirdische Gewölbe ihrer Entdeckung harren, so ist nicht auszuschließen, dass dort überraschende Funde erfolgen könnten.

Im zweiten Absatz der Sage ist von einem Münzfund die Rede, der im Festungsgraben von Chameregg gemacht wurde. Und auch so etwas ist in Burgruinen oder an alten Siedelplätzen erfahrungsgemäß sehr wohl möglich, denn im Lauf der Jahrhunderte wurde dort so mancher Gegenstand verloren. Und gerade in Burggräben, die einstmals oft geflutet oder auf ihrem Grund schlammig waren, kann in alter Zeit Vieles und durchaus auch Wertvolles verschwunden sein, was sich heute mit Glück wieder ans Licht bringen lässt.

Schließlich erzählt die Sage von Raubrittern und einem Kampf gegen sie, und auch im Zusammenhang damit könnten bei Chameregg und bei den anderen vier Burgen Münzen, Waffen, Rüstungsteile, Armbrustbolzen und Pfeilspitzen in den Boden geraten sein.

Der Schatz auf dem Hohen Bogen (Bayerischer Wald, Landkreis Cham)

Von diesem Schatz gehen wunderliche Sagen. Er liegt hundert Lachter unter dem Burgstall in einem kupfernen Kessel. Alle hundert Jahre einmal wird ein Mensch geboren, der ihn unter gewissen Bedingungen zu heben vermag (…). (Schöppner)

***

Der Bergriegel des Hohen Bogen zieht sich durch die Bayerwaldgemeinden Neukirchen beim Heiligen Blut, Rimbach und Eschlkam. Der Höhenkamm hat mehrere Gipfel; einer davon trägt den Namen Burgstall, und auf ihm errichtete Graf Albert III. von Bogen um das Jahr 1190 eine Burganlage, die allerdings später wieder abging.

Der Platz, wo die hochmittelalterliche Festung stand, ist leicht zu finden. Genau dort steht nämlich heute eine Senderanlage des Bayerischen Rundfunks, und auf dem Areal dieser Anlage sind noch Überreste eines Wallgrabens zu erkennen.

Laut der Sage soll sich der Schatz im Kupferkessel hundert Lachter unter diesem Burgplatz befinden. Der Sagentext macht freilich nicht klar, ob der Hort nun hundert Lachter tief in der Erde oder im Fels liegt – oder ob er sich hundert Lachter unterhalb des Burgstall-Gipfels irgendwo am Berghang verbirgt.

Nun ist aber das Lachter ein altes Längenmaß, das fast ausschließlich im Bergbau verwendet wurde. Und das könnte darauf hindeuten, dass sich der Schatz weit im Berginneren in einem Stollen oder einer tiefen Felsspalte befindet: an einem unterirdischen Ort, der vielleicht von einem Keller oder auch von einem Brunnenschacht der mittelalterlichen Burg aus zugänglich war.

Und wann könnte der Hort in sein Versteck gekommen sein? Am ehesten schon kurz nach der Erbauung der Feste im ausgehenden zwölften Jahrhundert. Denn Anno 1197 brach Albert III. von Bogen im Gefolge von Kaiser Heinrich VI. zu einem Kreuzzug auf, von dem er nicht mehr zurückkehrte. Der Graf könnte den Schatz also vor seinem Abzug in den Orient verborgen haben, und da er in der Fremde starb, wurde der Hort, um dessen exakte Lage womöglich einzig der Bogener wusste, nicht wieder gehoben.

Der Riese von Altenschneeberg (Altschneeberg, Landkreis Cham)

Als die Burg Altenschneeberg durch den Angriff ihrer Feinde fiel, verbargen die Burgleute ihre Schätze unten in einem Schacht, vor den sie einen gro-

ßen Stein wälzten. Sie starben dann alle im Kampf. Daher kann man die Schätze nicht mehr finden.

Aber der letzte Burgherr, der Wilde Hans, der mit den anderen fiel, geht nun als großer Ritter in alter Tracht. Er wird der Riese von Altenschneeberg genannt. Er winkt den Vorübergehenden zu, und wenn sie ihm folgen, so zeigt er ihnen den Weg zum Schacht. Aber nicht weiter als bis zum Bach, wo er verschwindet. Denjenigen, die auf seine Einladung nicht achten, lacht er höhnisch nach. (Böck)

***

Altschneeberg liegt nordwestlich von Waldmünchen und gehört zur Gemeinde Tiefenbach; von der gleichnamigen, auf das 13. Jahrhundert zurückgehenden Burg sind nur noch Ruinenreste erhalten. Bei dem in der Sage genannten Wilden Hans handelt es sich um einen Angehörigen des Freiherrn- und späteren Grafengeschlechts der Zenger, einer oberpfälzischen Uradelsdynastie.

Dieser Johann Zenger von Altschneeberg lebte im späten 14. und im frühen 15. Jahrhundert und war als Rauhbauz berühmt. So verliebte er sich noch im reifen Alter in die junge Tochter eines mit ihm befreundeten Burgherrn, die allerdings mit einem Ritter verlobt war, der altersmäßig besser zu ihr passte. Daran störte sich Johann Zenger freilich nicht; vielmehr entführte er seine Angebetete nach Budweis, wo ein Kumpan von ihm Pfarrer war. Dieser Kleriker sollte die junge Frau nun mit Johann Zenger zwangsverheiraten – doch dazu kam es letztlich nicht, weil der Verlobte der Entführten ebenfalls in Budweis auftauchte und seine Braut mit Gewalt aus den Fängen des alten Zenger befreite. Zur Strafe für seine Missetat wurde Johann Zenger danach in der Oberpfalz eingekerkert; erst als er sich verpflichtete, den Turm der Klosterkirche von Schönthal – unweit von Altschneeberg gelegen – neu erbauen zu lassen, kam er wieder frei und starb zuletzt friedlich in der genannten Abtei, wo er auch beigesetzt wurde. (Ausführlich hat der Autor diese tolldrastische Geschichte in Form einer Novelle erzählt, die in dem Buch „Das Skelett im Lehnstuhl“ enthalten ist.)

Johann Zenger fiel also nicht im Kampf um seine Burg, wie die Sage fälschlicherweise vermeldet. Aber er focht in seinem bewegten Leben etliche Fehden aus und nahm als einer der katholischen Befehlshaber auch an der Schlacht von Hiltersried teil, die einen der Höhepunkte der Hussitenkriege darstellte. Und da der Wilde Hans ein derartiger Haudegen war, könnte er vor dem Aufbruch in einen Kriegszug sicherheitshalber auch einmal Gold oder Silber in den Tiefen seiner Burg versteckt haben, weshalb sich im Untergrund der Ruine vielleicht noch die eine oder andere Münze oder sonst etwas Wertvolles finden ließe.

Das Hahnbühlerliesel (Schönthal, Landkreis Cham)

Ein Waldhügel bei Schönthal in der Oberpfalz heißt Hahnbühl (…), ein kleiner Acker auf diesem heißt Hanesäckerl.

Auf dem Hahnbühl soll ein Frauenkloster gestanden sein. Auch wurde hier ein Schatz gehoben und in eine Monstranz umgewandelt.

Das Hahnbühlerlieschen war in der Gegend wohlbekannt. Es kam singend aus seinem Berg, wusch seine langen Haare im Kramerweiher und verschwand wieder in dem Berg (…). (Böck)

***

Die Bezeichnungen Hahnbühl und Hanesäckerl müssen sehr alt sein, denn sie tauchen in der Umgebung von Schönthal bereits auf der Karte der bayerischen Uraufnahme, die von 1808 bis 1864 erstellt wurde, nicht mehr auf. Es findet sich dort jedoch ein Frauenacker, der südlich des Weilers Albenhof (heute Albernhof; ein Anwesen, wo romantische Kutschfahrten angeboten werden) und ein Stück nordöstlich von Schönthal liegt.

Der Flurname Frauenacker könnte auf das Frauenkloster hindeuten, das in der Sage mit Bezug auf den Hahnbühl erwähnt wird. Möglicherweise hieß der Acker auf dem Hahnbühl ursprünglich Hanesäckerl und gehörte dem Kloster. Und später, als das Nonnenkloster nicht mehr existierte, wurde aus dem Hanesäckerl in Erinnerung an das verschwundene Kloster der Frauenacker.

Auf diesem Flurstück beziehungsweise irgendwo auf dem Hügel, wo der Frauenacker liegt, wurde ein offenbar reicher Schatz gehoben: genug Gold oder Silber, vielleicht uralte Münzen, um eine Monstranz daraus zu fertigen. Aus welcher Zeit der Schatzfund stammte, lässt sich nicht sagen; diesbezüglich ist von der Keltenzeit (Regenbogenschüsselchen) über das Mittelalter bis in die Frühe Neuzeit alles denkbar. Und ebenso ist es denkbar, dass sich im Frauenacker oder in dessen Umgebung noch immer wertvolle Relikte verbergen, die in früheren Jahrhunderten nicht entdeckt wurden.

Das Hahnbühlerlieschen schließlich könnte an eine singende Nonne erinnern. Es könnte sich bei dieser geheimnisvollen Frauengestalt, die anders als Klosterfrauen langhaarig ist und auf wundersame Weise in einem Berg zu verschwinden vermag, aber auch um eine Göttin oder eine Fee aus vorchristlicher Zeit handeln.

Woher der Dillberg seinen Namen hat (Postbauer-Heng, Landkreis Neumarkt)

Auf dem Dillberg oberhalb von Postbauer sieht man unterirdische Höhlen und Gänge, und auf der Höhe des Berges sind Wälle und Gräben noch deutlich zu erkennen. Die haben die Hunnen angelegt und erbaut. Als nämlich auf ihrem Rückzug durch Deutschland ihr König Attila starb, suchten die wilden Krieger einen Platz, wo sie ihren toten Heerführer bestatten konnten. Der Dillberg schien ihnen dafür passend. In den Berg hinein bauten sie Gänge, und tief unten errichteten sie die Grabkammer. Dort begruben sie den König. Sie gaben ihm ungeheure Schätze mit, und oben auf dem Berg bauten sie eine Burg und ließen zum Schutz des Grabes Krieger zurück.

Viele haben in späterer Zeit nach Attilas Schätzen gesucht, es war aber immer vergebens. Doch vor ein paar Jahren hat ein Mann einen geheimnisvollen Gegenstand beim Ausgraben von Baumstöcken gefunden. Es war der berühmte Goldhut, der heute im Germanischen Museum (exakt: Germanisches Nationalmuseum; Anmerkung des Autors) in Nürnberg liegt. (Böck)

***

Natürlich wurde der Hunnenkönig Attila, der im fünften Jahrhundert nach der verlorenen Schlacht auf den Katalaunischen Feldern (in Gallien) auf seinem Rückzug das heutige Süddeutschland durchquerte, nicht im Dillberg bestattet; er starb in Ungarn und wurde dort beigesetzt. Und die Wallgräben auf der Bergkuppe gehen auf das Jahr 1702 zurück; sie wurden als Verteidigungsanlage im Spanischen Erbfolgekrieg angelegt.

Hochinteressant ist aber der Fund des Goldhutes, der 1953 unweit des Dillberges am Fuß des Brentenberges gefunden wurde. Es handelt sich um einen hohlen Goldkegel aus der Bronzezeit, der fast 90 Zentimeter misst und einst wahrscheinlich eine kegelförmige Kopfbedeckung umschloss. Der Träger des Goldhutes hatte bestimmt eine sehr bedeutende politische oder sakrale Funktion, und der Goldhut kann entweder als Grabbeigabe oder als Opfergabe unter die Erde gekommen sein.

Der Fundort wurde mit modernen Methoden höchst präzise vermessen; seine Koordinaten lauten: 11 Grad, 21 Minuten, 59 Sekunden Ost und 49 Grad, 19 Minuten, 38 Sekunden Nord. Der Platz liegt an der Gemarkungsgrenze zwischen den Ortschaften Ezelsdorf und Buch, und es ist nicht ausgeschlossen, dass sich dort noch mehr wertvolle Gegenstände aus der Bronzezeit verbergen, auch wenn die Archäologen bislang keine weiteren Funde machten.

Schloss Wolfstein bei Neumarkt (Neumarkt, Landkreis Neumarkt)

Von (…) dem Schloss zu Neumarkt, dem ehemaligen Sitz der Pfalzgrafen (…), geht ein unterirdischer Gang nach dem Schloss Wolfstein. (…)

Der Eingang in den unterirdischen Gang von Neumarkt aus war im Schlossgraben links vom sogenannten Klostertürl, wo man noch vor einigen Jahren hinter Haselnuss-Stauden ein vermauertes Tor sehen konnte. (…) In diesem Gang sollen noch viele kostbare Kirchengeräte vergraben sein, die man aus Furcht vor den Schweden verbarg. (…)

Nordwestlich vom Schloss, an der sogenannten Kühbrücke (…), soll ebenfalls ein Schatz liegen (…). (Schöppner)

***

Im Dreißigjährigen Krieg wurde die Stadt Neumarkt zweimal von schwedischen Truppen besetzt. Es ist deshalb nicht ausgeschlossen, dass die Neumarkter in jener gefährlichen Zeit wertvolle Dinge versteckten, um sie dem Zugriff der Feinde zu entziehen.

Das Klostertürl, das in der Sage genannt wird und den Zugang zum unterirdischen Gang markieren soll, gehörte sicher zum Kapuzinerkloster am östlichen Altstadtrand, denn das Klosterareal wurde früher vom Schlossgraben (der Pfalzgrafenresidenz) berührt. – Ob aber der Gang heute noch zu finden ist? Vielleicht, wenn man Kontakt zu Neumarkter Heimatforschern aufnimmt.

Die Kühbrücke wiederum könnte über den Hofmühlbach nordwestlich des Neumarkter Pfalzgrafenschlosses geführt haben.

Was schließlich das Schloss Wolfstein (nicht zu verwechseln mit dem Pfalzgrafenschloss) betrifft, so ist damit die heutige Ruine Wolfstein gemeint, welche Neumarkt überragt.

Der Schatz im Auer-Grab (Geisling, Landkreis Regensburg)

Nachdem Anno 1334 eine ganze Auer-Generation aus der Freien Reichsstadt Regensburg vertrieben worden war, setzte sich dieses streitbare Geschlecht in einem Kranz von Burgen rund um die Stadt fest.

Im Jahr 1375 starb Wirnt der Auer von Triftlfing und ließ sich in der von ihm reich beschenkten Kirche in Geisling begraben. Schon bald darauf wollte man wissen, dass er zumindest einen Teil des Auerschen Vermögens mit ins Grab genommen hatte.

Es scheint nun nicht verwunderlich, dass sich trotz der Heiligkeit des Ortes verschiedene Schatzgräber nicht davon abhalten ließen, seine Grablege in räuberischer Absicht zu untersuchen. Aber jedes Mal, wenn sich die Frevler daranmachten, die schwere Grabplatte zu heben, fing die große Glocke im Kirchturm zu läuten an, und so wurden die Räuber veranlasst, möglichst schnell das Weite zu suchen.

Als der Stein im Jahr 1793 an der Außenmauer der Kirche angebracht wurde, unterließ es der damalige Pfarrer Greis, nach dem Schatz zu suchen, damit die Arbeit des Marmorierers nicht beeinträchtigt wurde, der zu dieser Zeit mit der Marmoreinfassung der Altäre beschäftigt war.

Der Auersche Schatz müsste also noch immer in der Geislinger Kirche begraben liegen. (Böck)

***

Diese Sage, eher ein sachlicher Bericht, gibt ganz präzise an, wo der Auer-Schatz gefunden werden könnte: Dort, wo Anno 1375 im Kircheninneren die Gruft für Wirnt den Auer errichtet wurde. Unter dem Kirchenboden, am wahrscheinlichsten in Altarnähe, müsste die einstmals von der Grabplatte abgedeckte spätmittelalterliche Gruft eigentlich noch erhalten sein – und in ihr der Schatz, sofern ihn der verstorbene Adlige tatsächlich mit ins Grab nahm.

Der größte Schatz in Europa (Pfreimd, Landkreis Schwandorf)

In Pfreimd geht die Sage, dass in der Naab ein großer Fisch sei – bald ein Karpfen mit goldenen Schuppen, bald ein Hecht. Wenn der Fischer das schwere Netz aus dem Wasser zieht und meint, einen großen Fang gemacht zu haben, entweicht der Zauberfisch vor seinen Augen.

Ein alter Fischer fluchte jedes Mal, wenn er den großen Fisch sah, weil er dann den ganzen Tag lang nicht den geringsten Fang machte.

Glücklich wäre, wer des Zauberfisches habhaft werden könnte. Denn der Fisch hat den Schlüssel zum größten Schatz in Europa, welcher im Abelrang, einem Felsen zwischen Pfreimd und Nabburg, verborgen ist. Bei diesem Felsen wurden alte Münzen gefunden. (Böck)

***

Der Fels mit dem Namen Abelrang lässt sich weder auf alten noch auf neuen Landkarten entdecken. Möglicherweise hilft aber die geographische Angabe über seine Lage in der Sage weiter. Der Abelrang befinde sich zwischen Pfreimd und Nabburg, heißt es im Sagentext – und auf halber Strecke zwischen den beiden Orten erhebt sich westlich der Naab und recht nahe am Fluss der Höllenstein: ein teils felsiger Höhenrücken.

Flurnamen wie Höllen-, Satans- oder Hexenstein deuten oft auf einen vorchristlichen Sakralplatz hin, der nach der Christianisierung verteufelt wurde. So könnte es auch im Fall des Abelrang gewesen sein; er könnte zum Höllenstein geworden sein, und nur die Sage – das heißt: die Volksüberlieferung – bewahrte noch die Erinnerung an seinen alten heidnischen Namen.

Die Erinnerung an die pagane Bezeichnung Abelrang könnte sogar uralt sein, denn sie ist mit dem Wasser der Naab sowie mit einem Fisch verknüpft, der magische Eigenschaften besitzt. Diese Erzählelemente aber tragen eindeutig keltischen Charakter; das Wasser stellt in der Mythologie der Kelten stets eine Verbindung zur Anderswelt oder zu andersweltlichen Wesen (im vorliegenden Fall zum Zauberfisch) dar.

In keltischer Zeit könnte der Höllenstein/Abelrang also ein Naturheiligtum gewesen sein, wo auch wertvolle Opfergaben niedergelegt wurden – und bei den Münzen, die in sehr viel späteren Jahrhunderten dort gefunden wurden, könnte es sich um Regenbogenschüsselchen gehandelt haben.

Der Schatz vom Wildensteiner Schlossberg (Teunz, Landkreis Schwandorf)

Einige Eslarner gruben in den Fünfziger Jahren des vorigen Jahrhunderts (des 19. Jahrhunderts; Anmerkung des Autors) unter der Leitung eines gewissen Kiesmüller von Eslarn nach dem Wildensteiner Schlossberg-Schatz. Sie fanden wohl Mauerreste, kleine Hufeisen aus der Schwedenzeit, Säbel – aber keinen Kellereingang und keinen Schatz (…). (Böck. – Der hier zitierte Text ist ein Auszug aus einer Sage, die bei Emmi Böck unter der Überschrift „Der Erdspiegel des Hütersohnes“ zu finden ist.)

***

Der Burgstall Wildenstein, heute Wildstein, befindet sich südwestlich des gleichnamigen Dorfes in der Gemeinde Teunz im Nordosten des Landkreises Schwandorf auf der Kuppe einer Anhöhe, die wiederum den Namen Wildstein trägt. Auf dem Gelände wurden zur Jahrtausendwende einige Ruinenreste – Teile eines Turmstumpfes und Mauerrelikte – wissenschaftlich ergraben.

Wahrscheinlich wurde die Burg im Dreißigjährigen Krieg schwer beschädigt und verfiel anschließend zur Ruine. Die Hufeisen und Waffen, die in der Mitte des 19. Jahrhunderts gefunden wurden, stammten laut Sagentext aus der Schwedenzeit, also aus der Zeit des Dreißigjährigen Krieges, und dies ist auch gut nachvollziehbar.

Auf dem Areal könnten möglicherweise noch weitere Funde gemacht werden …

Burg Stefling im Bayerwald (Nittenau, Landkreis Schwandorf)

Im Schloss Stefling sollen ungeheure Schätze verborgen sein. Die Landgräfin Adelheid, eine geborene bayerische Prinzessin, hat hier im alten Turm viel Geld aufbewahrt. Allein, es glückte bisher keinem Menschen, den Schatz zu heben (…). (Schöppner)

***

Das guterhaltene Burgschloss erhebt sich über dem Regental bei Nittenau. Es ist nach wie vor bewohnt, und der alte Turm, der in der Sage angesprochen wird, existiert zumindest teilweise noch. Es handelt sich um den Stumpf des romanischen Bergfrieds der ehemaligen hochmittelalterlichen Burg, der im Süden der Festungsanlage steht, und die beiden erhaltenen Untergeschosse des Turmes haben die Jahrhunderte ohne große Veränderungen überdauert.

In diesem Turmbau soll ein Schatz versteckt sein, der einst einer Landgräfin namens Adelheid gehörte, die eine bayerische Prinzessin war, wie der Sagentext weiter berichtet. Und wenn man die historische Identität dieser Gräfin lüftet, wird klar, dass jene Adelheid durchaus sehr wohlhabend gewesen sein muss.

Diese Hochadlige war nämlich eine Schwester von Herzog Otto I., dem Begründer der Wittelsbacherdynastie in Bayern, der von ca. 1117 bis 1183 lebte. Um das Jahr 1150 wurde Adelheid von Wittelsbach geboren; später heiratete sie den reichen Landgrafen Otto II. von Riedenburg und Stefling, welcher dem mächtigen bayerischen Uradelshaus der Babonen angehörte. Im zwölften Jahrhundert zählte Adelheid also zu den privilegiertesten Frauen im Herzogtum Bayern; sie besaß zweifellos viel Gold, Silber und Juwelen, und es ist deshalb gut denkbar, dass es irgendwo im Steflinger Bergfried so etwas wie einen Geheimtresor für ihre Schätze gab.

Ob allerdings der Schatz der wittelsbachischen Prinzessin noch immer in einem Versteck im dicken Mauerwerk des uralten Turmbaues liegt, ist eine andere Frage.

„Wenn ich wieder aus dem Krieg heimkomme ...“ (Bärnau, Landkreis Tirschenreuth)

Ein Bauernbursche aus Ellenfeld hatte aus dem Russlandfeldzug (mit Napoleon) eine Kriegskasse mitgebracht. Er hatte sie auf seinem väterlichen Anwesen vergraben und zum Bauern, seinem Bruder, gesagt: „Wenn ich wieder aus dem Krieg heimkomme, arbeiten wir zwei nichts mehr!“ Er fiel aber, und bis heute hat den Schatz niemand gefunden. (Böck)

***

Das Dorf Ellenfeld ist ein Ortsteil der Stadt Bärnau. Zur Handlungszeit der Sage gab es in dem Ort ein gutes Dutzend landwirtschaftlicher Anwesen, und das ist bis heute so geblieben.

Von welchem Hof der Bauernbursche abstammte, bleibt im Sagentext unklar; es wird jedoch erklärt, dass der junge Mann die erbeutete Kriegskasse irgendwo auf seinem väterlichen Anwesen vergrub – und zwar heimlich und ohne Zeugen, weil nach seinem Tod, der ihn offenbar auf einem weiteren Feldzug in der Napoleonzeit ereilte, niemand von seiner Familie wusste, wo er den Münzschatz unter die Erde gebracht hatte.

Dies deutet darauf hin, dass der Schatz nicht unter dem Fußboden eines der Hofgebäude vergraben wurde, denn so etwas wäre den Hofleuten bestimmt aufgefallen. Vielmehr müsste die Kriegskasse irgendwo im Freien in der Erde liegen. In Frage käme entweder ein schwer einsehbarer Platz auf der Hofstelle, oder aber die Kassette könnte auf einem der landwirtschaftlichen Grundstücke des Anwesens verborgen worden sein, was wahrscheinlicher ist.

Der Bauernsohn hätte die Kriegskasse dann vermutlich an einen Ort gebracht, der nie umgepflügt wurde, weil der Münzschatz sonst unter Umständen unverhofft hätte ans Licht kommen können. Und das heißt: Moderne Schatzjäger könnten mit Hilfe von Metalldetektoren fündig werden, wenn sie spezielle Plätze bei Ellenfeld untersuchen würden. Nämlich Flurplätze, die landwirtschaftlich nie genutzt wurden; etwa Feld- oder Wiesenraine, Haufen von Lesesteinen oder auch Orte, wo schon immer kleine Baumgruppen standen.

Schatzsagen aus Oberbayern

Die Sage von der Willibaldsburg (Eichstätt, Landkreis Eichstätt)

Südlich von Eichstätt liegt die Willibaldsburg, früher Wohnsitz der Fürstbischöfe, später Militärhospital. (...) In dieser Burg sollen ganze Tonnen Goldes – wie auch im nahegelegenen Kloster Rebdorf – vergraben sein (...). (Schöppner)

***

Das Areal der Willibaldsburg gehört heute zum Stadtgebiet von Eichstätt; die mächtige Festungsanlage, von der aus die Eichstätter Bischöfe ihr Bistum regierten, geht auf das elfte Jahrhundert zurück.

Anno 1633, während des Dreißigjährigen Krieges, wurde die Burg von einer schwedischen Streitmacht belagert und erstürmt. Bald darauf konnten katholische Truppen die Feste zurückerobern, und in den Wirren dieser militärischen Ereignisse könnten irgendwo in der Willibaldsburg durchaus Behälter mit Wertgegenständen versteckt worden sein – vielleicht in den Kellergewölben, die unter der Burg liegen.

Das Kloster Rebdorf befindet sich ebenfalls in Eichstätt, und seine ältesten Bauteile stammen, genau wie bei der Willibaldsburg, aus dem elften Jahrhundert. Und auch diese Abtei wurde im Dreißigjährigen Krieg schwer heimgesucht, weshalb die Mönche in ihrer damaligen Not sehr wohl Schätze verborgen haben könnten, die aus irgendeinem Grund später nicht mehr geborgen wurden.

Die Sunderburg bei Schöngeising (Schöngeising, Landkreis Fürstenfeldbruck)

Auf den waldigen Höhen, die sich am Ostufer des Ammerflusses hinziehen, sind nicht fern vom Dorf Schöngeising Spuren alter Befestigungen zu sehen, die das Volk Sunnenburg oder Sonnenburg nennt. Hier soll der heilige Rasso, Graf von Andechs und Dießen und Gaugraf des Huosi- und des Ammergaues, ein Schloss gehabt haben, das man zu jener Zeit Sunderburg nannte. (…)

Sunderburg ist gleich anderen Burgen versunken mit allen seinen Bewohnern und allen seinen Schätzen. Im Brunnen des Schlosses liegen zwei Wassereimer voll Gold, und schon manchen Habsüchtigen hat die Lust angewandelt, diesen Schatz aus der Tiefe herauszufischen. Es ist aber die Zeit noch nicht gekommen, die bösen Geister zu bannen, die diese Schätze seit Jahrhunderten sorgfältig bewachen (…). (Schöppner)

***

Der Burgstall Sunderburg liegt am Südrand des Ampertales ziemlich genau in der Mitte zwischen Schöngeising und Grafrath auf einem Hügelsporn über der Amper, der als Schlossberg bekannt ist. Nordöstlich und südwestlich des Platzes befinden sich jeweils Hügelgräber, die aus der Bronzezeit stammen.

Auf die Frühbronzezeit gehen auch Siedlungs- und Befestigungsspuren zurück, die Anfang des 21. Jahrhunderts von Archäologen auf dem Burgareal entdeckt wurden. Auch in der Urnenfelderzeit war der Ort bewohnt und durch einen Wallgraben geschützt. Später ließen sich hallstattzeitliche Kelten dort nieder, aber bald gaben sie ihre Siedlung wieder auf, und bis zum Hochmittelalter lag der Hügelsporn dann brach.

Wahrscheinlich im elften Jahrhundert wurde auf dem uralten Siedelplatz eine Turmhügelburg errichtet. Von da an war diese Feste, die zusätzlich mit einem mächtigen Wall gesichert wurde, ein Sitz von Edelfreien, also von Angehörigen des ländlichen Uradels. Die Burganlage überdauerte jedoch das Spätmittelalter nicht; bereits Anno 1447 wurde das Hügelplateau, wo die Sunderburg stand, in einer Urkunde als Burgstall bezeichnet. Das bedeutet, dass die Festung seit mehr als einem halben Jahrtausend wieder verschwunden ist – ungeachtet dessen sind der Burgplatz und seine Umgebung aber hochinteressant für Schatzsucher.

Zwar lebte sicher kein schwerreicher Graf auf der nicht sonderlich großen Sunderburg; bei den Edelfreien, die dort hausten, könnte es sich aber um Verwandte der Grafen von Andechs und Dießen gehandelt haben. Und auch sie werden wohlhabend gewesen sein; ganze Wassereimer voller Gold indessen werden sie gewiss nicht im Burgbrunnen versenkt haben. Hier irrt die Sage zweifellos – die entsprechende Passage im Sagentext könnte jedoch einen Hinweis auf einen bronzezeitlichen oder keltischen Opferplatz irgendwo beim Burgstall geben.

In der Bronzezeit wurden häufig Gefäße mit Opfergaben von hochgelegenen Sakralplätzen aus in die Tiefe geworfen, und so etwas könnte auch auf dem Hügelsporn über dem Ampertal geschehen sein. Die Kelten wiederum opferten sehr oft in Flüssen, Teichen oder Seen; sie versenkten ihre Opfergaben, Schmuck aus Gold, Silber und Bronze, Waffen, Fibeln, Werkzeuge, an heiligen Stellen im Wasser – und warum dann nicht in der Amper unterhalb der Sunderburg?

Doch auch mittelalterliche Funde könnten auf dem Burgareal noch gemacht werden, und neuerlich bronzezeitliche Relikte könnten bei den Hügelgräbern nahe der Sunderburg ans Licht kommen.

Und zuletzt ein weiterer Tipp: Unweit des Burgstalles liegen beim Dorf Holzhausen (gleich östlich von Schöngeising) zwei spätkeltische Viereckschanzen, die vermutlich auch nicht fundleer sind.

Der Bayerische Hiasl im Inxhof (Schöngeising, Landkreis Fürstenfeldbruck)

Der Bayerische Hiasl, seinerzeit ein berüchtigter Spitzbube, geboren in Kissing bei Friedberg, soll sich eine Zeitlang im Inxhof, einer Einöde mitten im Schöngeisinger Forst, aufgehalten haben. (…)

Beim Inxhof befand sich eine Höhle im Wald, genannt Kuchelschlag, die früher Räubern zum Aufenthalt diente und in der auch der Bayerische Hiasl mit seinen Leuten auf eine Zeit Quartier nahm. (…) Von dort aus überfielen die Räuber (…) die Bauernhöfe der Nachbarschaft.

Als sie endlich, von den Gerichten verfolgt, abziehen mussten, hinterließen sie viele Schätze, die sie in der Eile nicht mitnehmen konnten. Die hat nun der Teufel als herrenloses Gut in Verwahrung genommen. Schatzgräber haben umsonst versucht, diese Schätze zu heben. Sie sollen immer tiefer versinken. (Schöppner)

***

Der Schöngeisinger Forst zieht sich im Süden des Ortes Schöngeising in nordwestlich-südöstlicher Richtung dahin; ein Inxhof ist dort jedoch weder auf alten noch auf modernen Kartenwerken zu finden.

Es existiert aber in der Gegend der Jexhof, der heute durch sein Bauernhofmuseum bekannt ist. Das Anwesen ist uralt und trägt in einer Urkunde aus dem Jahr 1433 den Namen Ückshoff, woraus zur Lebenszeit des Bayerischen Hiasl (1736 bis 1771) der Inxhof und daraus später der Jexhof geworden sein kann.

Für die Annahme, wonach der Jexhof der Inxhof der Sage ist, spricht aber noch mehr. Nahe beim Jexhof liegt ein Waldstück, das Kuchelschlag genannt wird, und laut örtlicher Überlieferung gab es dort im 18. Jahrhundert eine Höhle. Genau wie die Sage bringt die bis heute lebendige örtliche Volksüberlieferung diese Kaverne mit dem Bayerischen Hiasl und seinen Kumpanen in Verbindung – doch irgendwann muss der Höhleneingang verschüttet worden sein, denn er ist heutzutage nicht mehr bekannt.

Man könnte jedoch im Kuchelschlag suchen, und mit einigem Glück ließe sich so vielleicht die Kaverne mit dem Raubgut des Bayerischen Hiasl wiederfinden.

Die Höhlung bei Sandau (Landsberg am Lech, Landkreis Landsberg)

Vom ehemaligen Benediktinerkloster Sandau, unterhalb von Landsberg am Lech gelegen (...), steht keine Spur mehr, wenn nicht die Kirche des heiligen Benedikt (...) als solche bezeichnet werden kann. (...)

Von den Burgfräulein, die man bei dem unterhalb von Sandau gelegenen Schloss, das versunken sein soll, gesehen hat, ist schon anderweitig Erwähnung geschehen.

Außerdem ist eine Höhlung oberhalb von Sandau merkwürdig, die so hoch war, dass ein Mann darin aufrecht gehen konnte, und die noch vor einem halben Jahrhundert weit landeinwärts gegangen sein soll. Wagehälse sollen damals bisweilen den schauerlichen Ort besucht haben, weil sie hofften, Geld und Reichtümer zu finden, die dort begraben wären. (...) Mit größter Gefahr sind diese kühnen Leute wieder zurückgekehrt, und dann hat es lange kein Mensch mehr gewagt, die unterirdische Reise vorzunehmen.

Seit einem Jahrhundert oder länger war man der Meinung, diese Höhle sei der Ort gewesen, wo man im Schwedenkrieg und zu anderen unruhigen Zeiten die Schätze verborgen habe, die jetzt der Teufel bewache.

Auch glaubt das Volk, dass die Höhle unter der Erde bis Penzing fortgelaufen sei und ihren Ausgang in der dortigen ehemaligen Schlosskapelle gehabt habe (…). (Schöppner)

***

Sandau ist ein kleiner Ortsteil von Landsberg am rechten Lech-Hochufer. Im Hochmittelalter stand dort eine Turmhügelburg. Von dieser Wehranlage ist die guterhaltene Motte übriggeblieben; sie liegt knapp 400 Meter nördlich (lechabwärts) der Sandauer Kirche St. Benedikt, von der im ersten Absatz der Sage die Rede ist.

Mit dem Schloss, das im zweiten Absatz des Sagentextes erwähnt wird, ist sicher die abgegangene Burg gemeint; die Burgfräulein stellen eine dunkle, halb mythologische Erinnerung an die mittelalterliche Feste dar.

Was die Höhle oberhalb – also lechaufwärts – von Sandau betrifft, so wird die Sage hochinteressant, denn mit dieser Höhlung, die eigentlich ein unterirdischer Gang ist, sind Geschichten von verborgenen Schätzen verknüpft.

Leider ist der Eingang zu diesem Stollen heute nicht mehr bekannt, und selbst im Kartenwerk der bayerischen Uraufnahme ist kein Hinweis auf ihn zu finden. Der Stollenzugang muss also schon lange verstürzt oder anderweitig verschlossen worden sein – es gibt aber zwei Fingerzeige in der Sage, die zur Wiederentdeckung des unterirdischen Ganges führen könnten.

Laut Sagentext öffnete sich der Stolleneingang flussaufwärts von Sandau und damit im rechten Uferbereich des Lech, was bedeutet: Der gesuchte Platz müsste irgendwo zwischen Sandau und der Landsberger Altstadt liegen. Dort erstreckt sich heute ein Waldstreifen entlang des östlichen Flussufers, und vielleicht wären in diesem Forst noch Spuren des Stollenzuganges zu entdecken.

Eine zweite Möglichkeit wäre, den Eingang zu dem unterirdischen Stollen in der einstigen Schlosskapelle von Penzing zu suchen. Dieser Ort liegt eine kleine Strecke östlich von Sandau, und die dortige St. Anna Kapelle, die auf das 15. Jahrhundert zurückgeht, wird wohl die Schlosskapelle der Sage sein. Mit Hilfe eines Heimatforschers ließe sich die Kapelle vielleicht gründlich inspizieren – und womöglich würde sich dann tatsächlich ein versteckter Gang öffnen, der zu verborgenen Schätzen aus alter Zeit führen könnte.

Altenburg bei Neuburg an der Donau (Neuburg, Landkreis Neuburg-Schrobenhausen)

Auf der alten Burg bei Neuburg hausten vor Zeiten die Grafen von Altenburg. Sie lebten in Saus und Braus, weil sie die am Fuß ihrer Burg vorbeifahrenden Schiffe beraubten. Das trieben sie lange Zeit und sammelten unermessliche Schätze im Schoß des Berges, auf dem die Burg stand. Endlich machte der Kaiser dem Raubunwesen ein Ende. Er ließ die Feste zerstören und die im Berg aufbewahrten Reichtümer heben.

Wie es aber in der Verwirrung geht: Das Beste wurde übersehen – eine Kiste voll mit gediegenem Gold, die im Inneren des Burgberges zurückblieb. Dieser Schatz ist bis auf den heutigen Tag nicht gehoben (...). (Schöppner)

***

Mit der alten Burg ist die mittelalterliche Vorgängerburg des Stadtschlosses von Neuburg an der Donau gemeint. Ab dem Jahr 1527 wurde diese Wehranlage zu dem Renaissanceschloss um- und ausgebaut, das heute über der Stadt thront. Die Burg kann also in den Jahrhunderten zuvor nicht völlig zerstört worden sein, wie es in der Sage heißt; es ist aber gut denkbar, dass sie im Zuge einer Belagerung und Eroberung irgendwann im Mittelalter beträchtliche Schäden erlitt, die später wieder beseitigt wurden.

Im Tohuwabohu einer Plünderung der Festung durch entfesselte Kriegsleute kann es durchaus auch passiert sein, dass ein Behältnis mit wertvollem Inhalt übersehen wurde. Eine solche Schatzkiste soll laut Sagentext noch immer im Inneren des Festungsberges verborgen sein – am ehesten in irgendeinem uralten Kellergewölbe aus der Zeit, da noch ungebärdige Ritter auf der Burg hausten.

In den tiefsten Untergrund der einstigen Burg- und heutigen Schlossanlage vorzudringen, dürfte allerdings sehr schwierig oder sogar unmöglich sein – und so bleibt im Fall des verschollenen Goldhortes von Neuburg nur eins: mit Hilfe der Phantasie auf Schatzsuche zu gehen …

Der Kirchenschatz vom Kloster Polling (Polling, Landkreis Weilheim-Schongau)

Eine kleine Stunde oberhalb des ehemaligen Klosters Polling liegt die Burgruine Wildenberg, die einst den mächtigen Grafen von Weilheim gehörte.

Von dieser Burg stehen heutzutage noch Trümmer von Grundmauern, und Schatzgräber haben dort schon öfter Nachgrabungen angestellt. Denn es geht die Sage, dass die Mönche des Klosters Polling zur Zeit des unheilvollen Dreißigjährigen Krieges kostbare Kirchenparamente dorthin gebracht und sie in einem unterirdischen Gang der Burg aufbewahrt hätten.

Die Schatzgräber fanden (…) mehrmals antike Gegenstände wie Münzen, Waffen etc., aber noch nie die genannten Kirchenschätze. (Schöppner)

***

Das Pollinger Kloster, dessen Ursprünge im achten Jahrhundert liegen, existiert noch, wird aber heute weitgehend profan genutzt.
Die Burgruine Wildenberg (auch Willenberg), eigentlich nur noch ein Burgstall, ist südwestsüdlich von Polling bei Maxlried in der Gemeinde Oberhausen zu finden. Der Burghügel wird als Schlossberg bezeichnet; er liegt ein kleines Stück südlich des Dorfes Maxlried.

Die Burg Wildenberg wurde im zwölften Jahrhundert erbaut, verfiel in der Frühen Neuzeit zur Ruine und wurde dann ausgeschlachtet. In der Zeit des Dreißigjährigen Krieges müssen aber noch verborgene Anlagen unter der Erde existiert haben, denn die Pollinger Mönche versteckten laut der Sage ihre Kirchenparamente in einem unterirdischen Gang.

Als Paramente werden wertvolle Textilien bezeichnet, die liturgische Bedeutung haben: Altartücher, Messgewänder, geweihte Fahnen, Monstranzabdeckungen und dergleichen. Solche Textilien waren oft aus kostbaren Stoffen gefertigt und mit Gold- oder Silberfäden bestickt, weshalb sie für die Soldateska des Dreißigjährigen Krieges willkommene Raubbeute gewesen wären.

In der Tiefe des Wildenberger Burgstalles könnten die einstmals wohl in Kisten oder Truhen verpackten Kirchenparamente bis heute liegen – aber auch anderweitig ist der Ort für Schatzsucher interessant. Denn der Sagentext berichtet ja, dass auf dem Wildenberger Burghügel Münzen, Waffen und andere Gegenstände gefunden wurden, und deshalb könnte dort unter Umständen noch mehr entdeckt werden.

Schatzsagen aus Franken und Schwaben

Der dreibeinige Hase in der Gottmannshöhle am Hesselberg (Wassertrüdingen, Landkreis Ansbach, Mittelfranken)

In der Gottmannshöhle liegt ein Schatz verborgen. Hirtenbuben ließen sich einst mit Stricken hinab.

Der erste sagte: „In Gottes Namen gehe ich hinunter." Dieser brachte seine Tasche voll Geld zurück.

Hierauf fuhr ein rothaariger Hirtenbub hinab und sagte: „Ich gehe in Teufels Namen auch hinab."

Da lief ein dreibeiniger Hase vorüber. Die Knaben ließen den Strick los und eilten dem Hasen nach. Als sie zurückkamen und ihren Kameraden heraufziehen wollten, riss der Strick, und der Rothaarige war verloren.

Da stand ein Schloss, das versunken ist; nachher hörte man den Göcker krähen. (Schöppner)

***

Mit dem Göcker ist vermutlich ein Gockel, ein Hahn, gemeint; ein Tier, das manchmal mit dem Teufel in Verbindung gebracht wird.

Was das versunkene Schloss betrifft, so existierten im Lauf der Jahrhunderte auf dem dreigipfeligen Hesselberg, der sich etwa vier Kilometer nordwestlich von Wassertrüdingen erhebt, sogar mehrere Festungsanlagen.

Bereits in der Urnenfelderzeit wurde auf dem östlichen Gipfel, als Röckingerberg oder Osterwiese bezeichnet, eine Wehranlage erbaut, die mit Ringmauern, Wällen und Gräben geschützt war und die später auch von latènezeitlichen Kelten genutzt wurde.

Im Frühmittelalter dann wurde auf dem mittleren Gipfel, dem Ehinger Berg, eine Fluchtburg errichtet, die im zehnten Jahrhundert, zur Zeit der Ungarnkriege, durch eine Brandkatastrophe wieder unterging.

Zuletzt, um das Jahr 1100 herum, entstand auf dem Schlössleinsbuck, einem östlichen Ausläufer des Hesselberges, eine hochmittelalterliche Burg, die Mitte des 13. Jahrhunderts gewaltsam zerstört wurde – und von da an lebten nur noch Bauern oder Hirten auf dem langgestreckten Bergrücken mit seinen verschiedenen Gipfeln.

Der Hesselberg sah im Lauf seiner reichen Geschichte also mehrmals kriegerische Ereignisse, und angesichts dessen ging dort gewiss so mancher wertvolle Gegenstand verloren. Ein Beweis dafür ist ein bedeutender archäologischer Fund in der Moderne: die komplette Bewaffnung eines spätkeltischen Adligen.

Andere historische Relikte liegen bestimmt noch in der Erde verborgen – womöglich auch in der Gottmannshöhle, die in der Sage erwähnt wird. Im Kartenwerk der Bayerischen Uraufnahme ist sie unter dem Namen Guthmanshöhle ein kleines Stück westlich der Osterwiese (Röckingerberg) zu finden; etwa hundert Meter nordöstlich von ihr ist ein Türmchen mit den Bezeichnungen Pyramide Hesselberg und Gustavs-Ruhe eingezeichnet.

Dies entspricht dem heutigen Gustav-Adolf-Denkmal, und von ihm aus kann man nach der Gottmannshöhle forschen. Die Kaverne, in die laut Sagentext so etwas wie ein Schacht hinabführte, scheint allerdings irgendwann verschüttet worden zu sein – aber vielleicht entdecken hochmotivierte Schatzsucher doch noch eine Spur von ihr …

Schloss Hunberg
(Nüdlingen, Landkreis Bad Kissingen, Unterfranken)

Über Nüdlingen, zwischen Münnerstadt und Kissingen gelegen, ist eine Burgstätte auf einem Hügel sichtbar, die heute Hunberg genannt wird, von alters her aber Henneberg genannt wurde. (…)

Es soll noch unter den verschütteten Kellern und Gewölben der Hunburg viel Geld und Wein verborgen sein.

Die Leute erzählen: Jeder, der den Schlossplatz besuche, finde bei seinem ersten Kommen, wenn er nicht an die Schätze denke und nicht auf deren Hebung ausgehe, eine kleine Öffnung, die in die Tiefen hinabführe. Nutze er dieses Glück, so könne er reich werden, doch nie werde diese Gelegenheit zum zweiten Mal geboten.

Wer die Öffnung finde und einen Stein in sie hinabwerfe, höre diesen nicht auf den Grund fallen, so tief hinab gehen Keller und Gewölbe, so tief ruhen die Schätze.

Versuche, sie durch Nachgrabung zu heben, schlugen gänzlich fehl und mussten bald unterbleiben, denn die Grabenden sahen sich seltsam erschreckt und in ihrem Vorhaben gehindert. Auch wurden Versuche solcher

Art obrigkeitlich untersagt. Daher harren die Schätze noch der Hebung. (Schöppner)

***

Von der Burg Hunberg ist heute nur noch ein Burgstall erhalten. Er befindet sich östlich von Nüdlingen auf einem Hügel, der Schlossberg heißt. An den Rändern der einstigen hochmittelalterlichen Burganlage sind noch Wall- und Hanggräben zu sehen.

Die Festung gehörte den Grafen von Henneberg, die in der Mitte des 13. Jahrhunderts Krieg gegen den Würzburger Bischof führten. Die Henneberger unterlagen; nach seinem Sieg Anno 1248 ließ der Kirchenfürst die Burg zerstören, und bei dieser Gelegenheit könnte wertvoller Besitz der Grafen in den Burgkellern verschüttet worden sein.

Ob die kleine, in die Tiefe führende Öffnung irgendwo auf dem einstigen Festungsareal, von der in der Sage die Rede ist, heutzutage noch aufgefunden werden kann, ist fraglich. Doch einen Versuch wäre es bestimmt wert.

Die luftige Brücke
(Burkardroth, Landkreis Bad Kissingen, Unterfranken)

Bei der alten Klosterstätte zu Frauenroth ist es der Sage nach nicht geheuer. Lodernde Feuer oder bläuliche Flämmchen werden in gewissen Nächten auf dem Kirchhof oder in der Nähe der Klosterkirche erblickt. Sie zeigen einen großen, dort vergrabenen Schatz an.

Nicht weit von der Kirche entfernt erhebt sich ein Hügel, auf dem vor langer Zeit erst eine Burg, dann ein Teil der Klostergebäude stand. Von dort führte ein bedeckter Gang nach der Kirche, durch den die Nonnen schritten, wenn sie sich auf dem Chor versammelten (…). Man sieht noch über dem Portal die vermauerte Öffnung.

Alljährlich in gewissen heiligen Nächten erblickt man diesen Gang in der Luft; man erblickt auch den Zug gespenstischer Nonnen und sieht die

Kirche erleuchtet. Doch es ist nicht gut, lange hinzusehen; noch viel weniger, die Kirche dann zu betreten, denn in dieser halten die Geister Mette. (...) Nach der Mette ziehen die Nonnen alle still zurück und verschwinden im Nebel, wenn sie sich dem Hügel nähern. (Schöppner)

***

Das Zisterzienserinnenkloster Frauenroth wurde im Jahr 1231 gegründet; wenig später ging auch die Burgruine Burkardrode, die ein kleines Stück südwestlich der Klosterkirche lag, ins Eigentum der Nonnen über, und das Burgareal wurde der Abtei anschließend baulich einverleibt.

Anno 1574 wurde das Kloster aufgelöst; Gebäude und Landbesitz fielen an den Würzburger Bischof. Im Dreißigjährigen Krieg wurde die ehemalige Klosteranlage zerstört; einzig das Mittelschiff der Kirche blieb heil. Einige Jahrzehnte später wurden die Latifundien an Landwirte verkauft, und so entstand das kleine Bauerndorf Frauenroth in der heutigen Gemeinde Burkardroth. Die einstige Klosterkirche hat sich in ihrem Kern bis in die Gegenwart herauf erhalten – und auch die Erinnerung an die Nonnen ist geblieben, wie die Sage beweist.

Was nun den Schatz angeht, von dem im Sagentext die Rede ist, so ist es nicht auszuschließen, dass er tatsächlich existiert. Im Dreißigjährigen Krieg, als die Feinde heranzogen, könnten Wertgegenstände versteckt worden sein; vielleicht in Kellernischen, die vermauert wurden; vielleicht in der Tiefe der überbauten Burgruine, vielleicht in der Erde des ehemaligen Friedhofes oder vielleicht auch in einer Gruft unter dem Kirchenboden.

Der Klosterschatz im Breitenstein (Neustadt am Main, Landkreis Main-Spessart, Unterfranken)

Zu Kriegszeiten versteckten die Benediktiner des Klosters Neustadt am Main ihre kostbaren Kirchengefäße an verschiedenen Orten, um sie vor den Feinden zu sichern.

Sie ließen ein unterirdisches Gewölbe durch einen Maurer errichten (...), der aber selbst den Eingang zu dem Gewölbe nicht kannte, weil er mit verbundenen Augen dorthin geführt und nach vollendeter Arbeit wieder mit verbundenen Augen aus diesem zurückgebracht wurde. Ein treuer Klosterdiener entdeckte zwar einst in der Nähe des Backofens eine Kiste von Eisenblech eingemauert, in der lauter blanke Taler enthalten waren, welchen Fund er dem Prälaten sogleich anzeigte, aber von den kostbaren heiligen Gefäßen, die noch vergraben sind, fand sich keine Spur.

In früherer Zeit hielt man sich nämlich innerhalb der Klostermauern vor dem Feind nicht sicher genug und ließ daher die Kostbarkeiten auf einen Wagen laden, zur Nachtzeit in Begleitung von Geistlichen in den Klosterwald führen an jene Stelle, wo die Grenzen der Waldabteilungen Hundshütte und Breitenstein aneinanderstoßen. Dort wurden dem Fuhrmann die Augen verbunden, der Klosterschatz wurde an einem nur den Geistlichen bekannten Ort vergraben, der Wagen aber auf einem anderen Weg nach Neustadt zurückgefahren. (...)

Oft schon bemerkten die Holzhauer beim Holzfällen einen großen viereckigen Stein, auf dem sogar lateinische Buchstaben sichtbar waren, sodass zu vermuten ist, unter diesem Stein liege der Schatz begraben. Aber sobald sie mit anderen darüber redeten und wieder in den Wald gingen, um den Stein zu suchen, konnten sie den Platz nicht wiederfinden. (...)

Einst ging ein fremder Insektensammler durch den Wald, auf einmal bemerkte er einen glänzenden Gegenstand auf dem Boden. Als er diesen aufhob, war es eine Goldborte, wie man sie an Messgewändern sieht (...). Er nahm sie zu sich, zeigte sie mehreren in der Nähe wohnenden Förstern, die sogleich Nachgrabungen an jenem Platz, wo sie gefunden worden war, anstellen wollten, aber um keinen Preis mehr die Stelle finden konnten. Die Goldborte hat der Insektensammler in Würzburg verkauft – aber zur Hebung des Kirchenschatzes ist die Zeit noch nicht gekommen (...). (Schöppner)

***

Das ursprüngliche, auf das Frühmittelalter zurückgehende Benediktinerkloster von Neustadt existiert nicht mehr; es brannte 1857 vollständig ab, und die Brandruine wurde 1960 gesprengt und beseitigt. Anschließend wurde am Platz der früheren Abtei ein modernes Dominikanerinnenkloster erbaut.

Es würde also wenig Sinn machen, dort nach dem Schatzgewölbe zu forschen, von dem im zweiten Absatz der Sage die Rede ist. Anders sieht es hingegen im ehemaligen Klosterwald aus, denn der existiert nach wie vor, und im Zusammenhang mit ihm macht der Sagentext recht klare Angaben.

Zunächst wird von einem Stein mit lateinischer Inschrift gesprochen, welcher den Ort, wo ein Schatz vergraben wurde, markieren könnte. Und dann vermeldet die Sage, dass im einstigen Klosterforst tatsächlich etwas Wertvolles gefunden wurde; nämlich die Goldborte. Außerdem wird präzise beschrieben, wo eine ganze Wagenladung von Kostbarkeiten unter die Erde gebracht worden sein soll: dort, wo die Waldstücke mit den Namen Hundshütte und Breitenstein aneinanderstoßen.

Hier hilft einmal mehr das Kartenwerk der Bayerischen Uraufnahme weiter. Das Flurstück Hundshütte liegt exakt westlich des alten Ortskerns von Neustadt, der sich direkt am Main befindet, und etwa zweieinhalb Kilometer von diesem entfernt. Das Flurstück Breitenstein schließt sich nordwestlich an die Flur Hundshütte an, und beide Flächen sind auf der Karte aus dem 19. Jahrhundert durch einen von Nordosten nach Südwesten verlaufenden, etwa 500 Meter langen Graben getrennt.

Offensichtlich stellt dieser Grabenzug die im Sagentext erwähnte Grenze zwischen den beiden Waldstücken dar – und damit ist das Gebiet, wo sich ein Klosterschatz finden ließe, ziemlich genau definiert.

Das Schloss bei Partenstein
(Partenstein, Landkreis Main-Spessart, Unterfranken)

Auf einer Anhöhe beim Dorf Partenstein im Spessart erhob sich in früheren Zeiten stattlich das den Grafen von Rieneck gehörende Jagdschloss Partenstein. Trümmer und Ruinen, Gräben und Mauern zeugen noch jetzt von seiner ehemaligen Festigkeit. Nach der Volkssage ist dort ein Weinkeller, in dem die eichenen Fässer freilich vermorschten, wo aber der vortrefflichste Wein wohlerhalten in seiner eigenen Haut liegt. Auch Schätze sollen sich dort befinden (…). (Schöppner)

***

Die Burg Bartenstein (heutige Schreibweise) – bei der Ortschaft Partenstein, unweit von Lohr am Main gelegen – wurde im späten zwölften Jahrhundert erbaut und 1633, während des Dreißigjährigen Krieges, zerstört. Seitdem ist die einst mächtige Festungsanlage eine Ruine.

Ab dem Jahr 2003 fanden auf dem Ruinengelände archäologische Ausgrabungen statt, in deren Verlauf wertvolle Ofenkacheln aus der Epoche zwischen dem 13. und dem 16. Jahrhundert ans Licht kamen. Außerdem wurden im ehemaligen Burggraben Zehntausende Scherben und andere Kleinfunde gemacht – und so manches mittelalterliche oder frühneuzeitliche Relikt wird bestimmt noch im Boden liegen.

Der Schatz von Amorbach
(Amorbach, Landkreis Miltenberg, Unterfranken)

Als bei der Säkularisation die Benediktinerabtei von Amorbach aufgehoben und von den geistlichen Herren geräumt werden sollte, bestellte der Abt eine große Anzahl Träger und führte sie in ein Gewölbe, das ganz mit goldenen und silbernen Gefäßen, edlen Steinen und sonstigen Kostbarkei-

ten gefüllt war. Jeder von den Tagelöhnern musste sich die Augen verbinden lassen, dann bekam er seine Last auf die Schultern.

Indem sich nun einer an dem anderen halten musste, wurde der ganze Zug von einem Mönch die Treppen auf und nieder, durch weite Gänge und Hallen geleitet, bis er sich endlich in einem dunklen, feuchten Gewölbe befand. Hier mussten die Träger ihre Lasten absetzen, worauf sich der ganze Zug wieder auf dieselbe Weise zurückbewegte. Als den Leuten darauf die Binden von den Augen genommen wurden, befanden sie sich zu ihrer großen Verwunderung in der Kirche, aus der sie reichlich beschenkt und mit der Weisung, zu schweigen, entlassen wurden.

Wenige Tage darauf musste der Abt sein Kloster übergeben. Man hatte unermessliche Reichtümer zu finden gehofft und sah sich nun auffallend enttäuscht. Die Mönche aber, die lange Zeit die Hoffnung hegten, wieder in die verlassenen Hallen einziehen zu können, starben bald nacheinander, und so soll dann mit dem Letzten das Geheimnis von dem Schatz begraben worden sein. Schon oftmals wurde diesem erfolglos nachgespürt. (Schöppner)

***

Die Benediktinerabtei in der mainfränkischen Stadt Amorbach wurde im Jahr 1803 säkularisiert; Anno 1734 hatte sie ihr tausendjähriges Bestehen feiern können. Die weitläufigen Klostergebäude sind erhalten und gehören heute der Fürstenfamilie zu Leiningen.

Im Lauf der Jahrhunderte hatten die Benediktiner immensen Reichtum anhäufen können. Davon wurde jedoch bei der Klosterauflösung realiter nur wenig gefunden, weshalb es in der Tat gut möglich ist, dass es den Mönchen gelang, den größten Teil ihrer Schätze zu verstecken.

Im Sagentext heißt es, die Wertsachen seien in ein dunkles, feuchtes Gewölbe gebracht worden, was nach einem uralten, schlecht belüfteten Kellerraum tief unter einem der Abteigebäude klingt. Dieses Kellergewölbe könnte nach der Einbringung des Schatzes vermauert und getarnt worden sein – und wenn man nach dem Hort suchen wollte, müsste man wohl in die ältesten unterirdischen Gebäudeabschnitte des einstigen Klosters vordringen.

Tödtenried und Eselsburg
(Sielenbach, Landkreis Aichach-Friedberg, Schwaben)

Im Jahr 955 lagerten die Ungarn oberhalb von Augsburg. Kaiser Otto bot ihnen mit seinem tapferen Heer die Schlacht an. (...) Endlich mussten die wilden Horden der Ungarn erliegen. Die Mehrzahl wurde niedergehauen, ein großer Teil ertrank im Lech, und der letzte Rest wurde von wütenden bayerischen Bauern, die alles durch sie verloren hatten, drei Stunden unterhalb von Augsburg erschlagen. Der Ort, wo dies geschah, hieß die Totenwiese; dort steht nun heutzutage das Pfarrdorf Tödtenried.

Nicht weit davon erheben sich auf waldigem Berg die Trümmer der Eselsburg. (...) Noch sind die Schätze nicht gehoben, die in der Burg vergraben liegen. Aber nur mit Grauen nähert sich der Landmann der unheimlichen Stätte und bekreuzigt sich vor dem bösen Geist des Ritters, der noch in den Trümmern der alten Burg umgeht. (Schöppner)

***

Der erste Teil der Sage bezieht sich auf die berühmte Schlacht auf dem Lechfeld, wo ein Heeresverband von Bayern, Schwaben, Sachsen, Thüringern und Böhmen eine große Armee ungarischer Steppenreiter besiegte. Dass nach der Schlacht viele fliehende Ungarn von Bauern getötet wurden, ist historisch gesichert, und auch beim Dorf Tödtenried, einem Ortsteil der heutigen Gemeinde Sielenbach, kam es offenbar zu einem solchen Massaker. Das aber bedeutet: Auf den Tödtenrieder Feldern und Wiesen könnten, ebenso wie auf dem Lechfeld selbst, noch Schlachtfeldfunde gemacht werden.

Eine Eselsburg lässt sich (unter diesem Namen) im Umland von Tödtenried nicht lokalisieren. Bei Sielenbach stand jedoch die Burg Stunzberg, die im Volksmund früher vielleicht Eselsburg hieß. Die Festung war ursprünglich eine mittelalterliche Turmhügelburg; später wurde sie zum Schloss umgebaut, und Anno 1661 wurde der Schlossbau komplett abgetragen. Die Steine wurden zur Errichtung der Wallfahrtskirche Maria Birnbaum in Sielenbach verwendet, und auf dem Schlossberg blieb nur eine Wüstung, in deren Tiefe aber noch archäologische Schätze verborgen sein könnten.

Die Templer zu Deiningen (Deiningen, Landkreis Donau-Ries, Schwaben)

Im Pfarrhof zu Deiningen im Ries soll vorzeiten die Wohnung von Templern gewesen sein. Als die Verfolgung gegen sie losbrach, waren etliche von ihnen hierher geflüchtet und hatten ungeheure Schätze an Gold und Silber in Sicherheit gebracht.

Das wusste ein Diener der Templer und sann auf einen Anschlag, um sich des Schatzes zu bemächtigen. Einmal, als die Ritter nach durchzechter Nacht im tiefsten Schlaf ruhten, schlich er sich in die Kammern und ermordete sie einzeln in ihren Betten.

Als der Mörder daraufhin nach dem Lohn der Sünde suchte, war nirgends im ganzen Haus eine Spur von Schätzen zu finden. Vergebens rannte der Gottlose verzweifelt hin und her, um den Schatz zu suchen – und heute noch soll er in grauser Mitternachtsstunde ruhelos wandeln, um den Sündenlohn zu erjagen, der ihn zum Mord verführte. (Schöppner)

***

Der Ort Deiningen ist uralt; er geht auf einen fränkischen Königshof zurück, der schon im achten Jahrhundert existierte. Eine lange Geschichte hat auch das historische katholische Deininger Pfarrhaus. Sein Baukern stammt sicher noch aus dem Mittelalter; seine heutige Gestalt bekam das Gebäude allerdings Anno 1870, als es nach einem Brand neu über der älteren Bausubstanz errichtet wurde.

Die Zerschlagung des äußerst reichen Templerordens erfolgte im frühen 14. Jahrhundert. Mit größter Brutalität ging der französische König Philipp IV. in seinem Herrschaftsgebiet gegen den Ritterorden vor; Hunderte von Templern wurden hingerichtet, das immense Ordensvermögen wurde, wo immer möglich, beschlagnahmt.

Doch einzelnen Rittern gelang die Flucht in andere europäische Länder, und deshalb ist es nachvollziehbar, dass sich eine kleine Templerschar in den Pfarrhof von Deiningen zu retten vermochte. Diese Tempelritter können durchaus viel Gold und Silber bei sich gehabt haben und daher dem skrupellosen Diener zum Opfer gefallen sein.

Da der Mörder den Templerschatz aber nicht fand, und weil es auch keinen Hinweis darauf gibt, dass der Schatz irgendwann nach dem Verbrechen entdeckt wurde, müsste der Hort noch immer im Pfarrhaus von Deiningen verborgen sein – und zwar irgendwo in jenen Teilen des Gebäudes, welche den Brand von 1870 überstanden.

Die Märzeburg bei Kaufbeuren (Kaufbeuren, Landkreis Ostallgäu, Schwaben)

Wenn man von Kaufbeuren aus südwärts der Straße nach Marktoberdorf folgt, so sieht man gleich hinter dem Pudelwirt zur Rechten einen (…) bewaldeten Kegelberg sich erheben. (…) Diesen Berg nennt man die Märzeburg. In alten Zeiten soll ein prächtiges Schloss seinen Scheitel gekrönt haben, das mit dem nahen, jenseits der Wertach auf einem ähnlichen Kegelberg gelegenen Schloss zu Hirschzell in Verbindung gestanden ist.

Weitum sind Land und Leute der Märzeburg untertan gewesen, wie auch noch jetzt ein großer Hof zwischen Apfeltrang und Oberbeuren, auf dessen Grund man Römermünzen fand, der Märzesrinderhof genannt wird. Heutzutage wird keine Spur mehr von der Burg angetroffen, aber ihr Andenken lebt in Sagen des Volkes.

Schon in grauer Vorzeit soll diese Burg (...) samt allen Schätzen versunken sein. (...) Schon viele sind (...) dorthin gegangen, die Schätze auszugraben. So auch einige arme Arbeiter. Sie stießen wohl auf eiserne Truhen, konnten sie aber nicht heben, weil unter ihnen eine unreine Seele war, wie sie glaubten. Die Schätze ruhen noch im tiefen Schacht der Erde (...). (Schöppner)

***

Die Märzeburg der Sage heißt heute Märzenburg. Der Hügel mit diesem Namen erhebt sich am südlichen Stadtrand von Kaufbeuren; an seinem Fuß steht ein gleichnamiges Gasthaus, das wohl auf den im Sagentext genannten Pudelwirt zurückgeht. Hirschzell liegt ein kleines Stück ostsüdöstlich der Märzenburg jenseits der Wertach. Der Märzesrinderhof der Sage schließlich findet sich in unserer Zeit als Weiler Märzisried nördlich des Dorfes Apfeltrang im Südsüdwesten von Kaufbeuren.

Beim Urhof von Märzisried kamen laut sagenhafter Überlieferung Römermünzen ans Tageslicht – und das ist kein Wunder, denn es gab in der Region von Kaufbeuren bis zum frühen fünften Jahrhundert römische Militär- und Verwaltungspräsenz. Doch auch anderweitig ist die Gegend archäologisch hochinteressant. Auf dem Märzenburg-Hügel wurden bronzezeitliche Siedlungsspuren entdeckt; auch Kelten hinterließen im Raum von Kaufbeuren ihre Spuren in Form von Hügelgräbern aus der Hallstattzeit, und im Frühmittelalter existierte ein karolingischer Königshof auf dem Areal der heutigen Stadt.

In der Märzeburg der Sage lebt offenbar die Erinnerung an eine Wallanlage der Bronzezeit fort; das Schloss von Hirschzell hingegen war ein hoch- und spätmittelalterlicher Ministerialensitz auf dem

Hirschzeller Schlossberg, von dem noch Erdwälle und Gräben erhalten sind.

Überall an den genannten Orten lassen sich womöglich heute noch Funde aus alter Zeit machen: Münzen, Waffen, Keramikgegenstände und andere Dinge, die während der jahrtausendelangen Siedlungsgeschichte in der Region von Kaufbeuren unter die Erde kamen.

Der Schatz am Kienberg (Pfronten, Landkreis Ostallgäu, Schwaben)

Bei Pfronten, am Fuß des Kienberges, wo man in das Achental hineingeht, liegen großmächtige Felsstücke, unter denen ein Schatz verborgen ist. Es haben sich nämlich zur Schwedenzeit die geistlichen Herren aus der Umgebung dorthin gerettet und ihr Zeug geflüchtet (ihr Eigentum in Sicherheit gebracht; Anmerkung des Autors). Nämlich eine Kiste voll mit Geld, eine Kiste voll mit Leinwand und eine Kiste voll mit geräuchertem Fleisch.

Dann ist aber die Pest gekommen; an der sind alle gestorben, und so liegen die Schätze alle noch unter den Felsblöcken. Aber der muss noch gefunden werden, der sie heben könnte. (Schöppner)

***

Die Felsgruppe, um die sich die Sage dreht, ist am besten vom Pfrontener Ortsteil Steinach aus zu erreichen. Man wandert von dort am Flüsschen Achen entlang zur neuen Achenbrücke und folgt dann dem Weg zur Bärenmoosalpe, bis man auf die Felsen trifft.

Es ist nicht unwahrscheinlich, dass irgendwo unter den Felsblöcken noch immer verschollenes Gut aus dem Dreißigjährigen Krieg liegt. Denn dem Sagentext fehlen alle phantastischen Elemente; er liest sich wie ein Tatsachenbericht, und das macht ihn sehr glaubwürdig.

Acht spezielle Ratschläge
für eine – vielleicht – erfolgreiche Schatzsuche

Wie wir gesehen haben, sind in Lokalsagen oft Hinweise enthalten, die bei entsprechender Auswertung zu wichtigen Wegweisern für eine Schatzsuche werden können. Manchmal allerdings wird man feststellen, dass die Recherchen auf der Basis der Sagentexte zu veritabler geographischer, historischer oder auch pfadfinderischer Detektivarbeit „ausarten", aber davon sollte man sich nicht entmutigen lassen.

Sagenauswertungen sind jedoch nur eine Methode, um verborgenen Schätzen auf die Spur zu kommen. Daneben gibt es noch eine ganze Reihe weiterer Suchmöglichkeiten, um wertvolle oder sonstwie interessante Relikte aus der Vergangenheit zu entdecken.

In den folgenden Kapiteln wird dargelegt, welche besonderen Orte man aufsuchen sollte, um unter Umständen einen Schatz zu finden – und speziell in Bayern mit seiner reichen geschichtlichen Vergangenheit muss man häufig noch nicht einmal weit fahren, damit man als Schatzjäger zu einem erfolgversprechenden Platz kommt …

Burgruinen, Burgställe und verlassene Klöster

In der Sagensammlung dieses Buches wurde klar: Schatzsagen sind sehr oft mit Burgruinen oder Burgställen verbunden. Und das ist, archäologisch gesehen, auch kein Wunder, denn ehemalige Festungen und Adelssitze sind geradezu prädestiniert, zum Eldorado für Schatzsucher zu werden.

Im Lauf der Jahrhunderte gingen in den Burgen zahlreiche Gegenstände verloren. Sie rutschten in Mauerspalten, verschwanden in der Dunkelheit von Kellergewölben oder fielen in Tiefbrunnen. Unbrauchbar gewordenes Geschirr wurde einfach ins Freie oder in den Burggraben geworfen, und in den meist verschlammten Festungsgräben landeten aufgrund von Missgeschicken auch Münzen oder sogar Waffen und blieben im Schlick, der unterhalb der Aborterker an den Außenmauern einer Feste durchaus auch Fäkalien enthalten konnte, unauffindbar.

Wenn eine Burg belagert wurde, schossen die Angreifer mit Pfeilen und Armbrustbolzen auf die Mauerkronen; viele Geschosse prallten dann ab, flogen in die Gräben oder bohrten sich in die Hänge der Anhöhen, auf denen die Festungen standen. Bei Sturmangriffen und Kämpfen Mann gegen Mann wiederum konnten Kriegswaffen und sogar Rüstungsteile der Kontrahenten in den Burggräben versinken – und wenn eine Feste niedergebrannt oder geschleift wurde, verlor sich Vieles im Brandschutt oder unter Mauertrümmern.

Deshalb sind Burgruinen oder Burgställe ideal für die Suche nach jahrhundertealten Relikten; speziell gilt dies für die Hang- und Grabenbereiche oder für die Örtlichkeiten, wo sich einst Aborte oder Brunnen beziehungsweise Zisternen befanden. Und gelegentlich lassen sich sogar spektakuläre Entdeckungen machen, wie der folgende Fall zeigt.

Ein Freizeitarchäologe untersuchte eine Ruine in Niederbayern. Dabei fragte er sich, welche Position er wohl gewählt hätte, wenn er zu früheren Zeiten mit einem Feuerrohr auf den Torturm der Burg hätte schießen wollen. Er entschied sich dann für einen Platz hinter einem

Die Burgruine Weißenstein bei Regen im Bayerischen Wald zieht alljährlich viele Besucher an. Am Fuß der Ruine wurde vor einigen Jahren ein Kellergewölbe wiederentdeckt, von dem niemand mehr etwas gewusst hatte. (Foto: Tourist Information Regen)

Felsen, der ihm Deckung geboten hätte. Als er dort versuchsweise niederkniete, um die imaginäre Schussbahn zu überprüfen, spürte er etwas Hartes unter seinem Bein – und als er ein wenig nachgrub, stieß er auf eine frühneuzeitliche Hakenbüchse, die dort offenbar im 16. Jahrhundert in den Boden geraten war; vermutlich, weil ihr Besitzer im Kampf überwältigt worden und seine Waffe dabei verlorengegangen war.

Ein Mitarbeiter der Passauer Kreisarchäologie wiederum fand durch Recherchen in historischen Aufzeichnungen heraus, dass auf einem äußerlich völlig unscheinbaren Hügel in der Nähe von Fürstenzell im Landkreis Passau einst eine Kleinburg mit Namen Hirschstein gestanden hatte. Als er das Hügelplateau, wo absolut nichts mehr an eine Festungsanlage erinnerte, vom Erdreich befreite, entdeckte er guterhaltene Grundmauern der Burg. Außerdem legte er eine geheimnisvolle, in den Fels gehauene Kaverne mit drei Seitennischen frei – und schließlich machte er auch noch einen Sensationsfund: einen Plattenrock (Ritterrüstung, die Brust und Unterleib schützte) aus dem 14. Jahrhundert. Und dieser Plattenrock ist, weil er ein extrem seltenes spätmittelalterliches Rüstungsmodell darstellt, heute im Bayerischen Armeemuseum in Ingolstadt ausgestellt.

Burgruinen und Burgställe können also sogar für spektakuläre Funde von sehr hohem historischen (und manchmal auch materiellen) Wert gut sein, und Ähnliches gilt für Klosterruinen oder Plätze, wo einmal ein Kloster stand.

Zwar werden an solchen Orten schwerlich Kampfrüstungen von Mönchen ans Licht kommen, aber auch in Abteien gingen einstmals zahlreiche Dinge verloren; ebenso wurde so manches Kloster, ganz wie viele Burgen, belagert, gestürmt und zerstört. Und darüber hinaus besaßen die Kleriker oft kostbare kirchliche und profane Schätze, die bei Gefahr versteckt oder vergraben und später nicht mehr zurückgeholt wurden – und die mit Glück wiedergefunden werden könnten.

Höhlen als Schatztresore aus uralter Zeit

Dort wo Burgherren herrschten oder Mönche beteten, sind Relikte aus dem Mittelalter oder der Frühen Neuzeit zu entdecken – doch es gibt auch Orte, wo Funde aus sehr viel älterer Zeit gemacht werden können.

In Höhlensystemen, in kleineren Kavernen oder auch in Halbhöhlen verbergen sich manchmal Gegenstände aus vorzeitlichen Epochen: aus der Alt-, Mittel- und Jungsteinzeit.

So stieß etwa der bekannte Freizeitarchäologe Paul Freund aus Lichtenau bei Ringelai im Bayerischen Wald (nahe seines Wohnortes steht das Keltendorf „Gabreta“, dessen geistiger Vater Paul Freund ist) in einer Halbhöhle unweit seines Dorfes auf Artefakte aus der mittleren Steinzeit. Es handelte sich um Messer und Schaber aus Silex, einer Feuersteinart, und aufgrund dieses jahrtausendealten Fundes konnte Paul Freund nachweisen, dass im Bayerwald bereits im Mesolithikum Jäger unterwegs waren, welche die Höhle regelmäßig als Jagdlager nutzten.

Vielfältige Funde wurden auch in verschiedenen Jurahöhlen am Rand des Altmühltales gemacht. Im Großen Schulerloch bei Essing im Landkreis Kelheim kamen Steinwerkzeuge aus der Jungsteinzeit und der Bronzezeit zutage; im nahegelegenen Kleinen Schulerloch wurde eine prähistorische Felsritzung entdeckt, die einen Steinbock oder ein Rentier abbildet.

In der Essinger Klausenhöhle wiederum, die nicht weit von den Schulerlöchern entfernt jenseits der Altmühl liegt, kam eine Fülle von uralten Relikten aus unterschiedlichen steinzeitlichen Epochen vom Paläolithikum bis zum Neolithikum ans Licht. Die Archäologen bargen unter anderem Faustkeile, Steinmesser, Schaber, Pfeilspitzen, eine Harpune, Elfenbeinplättchen mit Gravuren, bemalte oder gravierte Kalkplatten sowie einen durchlöcherten, aus einem Knochen gefertigten Stab mit Tierkopf. Außerdem legten sie das Grab eines Mannes frei, der vor etwa 22.000 Jahren lebte und dessen Skelett vollständig erhalten war.

Neben anderen bayerischen Höhlen ist auch die Luegstein-Höhle (alternativ Grafenloch genannt) bei Oberaudorf im Landkreis Rosenheim hochinteressant. Man fand dort Keramik aus dem Hochmittelalter sowie Mauerreste – und so konnte der Nachweis erbracht werden, dass die Kaverne vom 11. bis zum 13. Jahrhundert als Höhlenburg von Rittern diente. – Oben der Höhlenvorplatz, unten der Blick aus der Kaverne ins Tal. (Fotos: Marcus S. Meyer. Web: Burgenseite.de)

Auch in vielen anderen bayerischen Höhlen vom Fränkischen und Oberpfälzer Jura bis hin zu den Alpen wurden zahlreiche historisch wertvolle Gegenstände ausgegraben, wobei sich die Funde nicht auf längst vergangene Jahrtausende beschränkten, sondern nicht selten aus sehr viel jüngeren Zeiten stammten. Denn in allen geschichtlichen Epochen, selbst noch im 20. Jahrhundert, dienten Kavernen in Kriegszeiten als Zufluchtsorte und Schutzräume für die Menschen. Und manchmal hausten zudem Räuber oder Wilderer in Höhlen und hinterließen dort ihre Spuren; etwa der Bayerwaldräuber Michael Heigl, der sich über längere Zeiträume in der nach ihm benannten Heigl-Höhle am Kaitersberg bei Kötzting versteckte.

Bronzezeitliche und keltische Grabhügel

Auf Wiesen und Feldern wurden sie leider durch den Landbau eingeebnet, doch in Waldstücken sind sie gelegentlich noch zu finden: zumeist niedrige und nicht sonderlich große Hügel, in deren Innerem bedeutende Menschen aus der Bronzezeit oder der frühkeltischen Hallstattzeit bestattet wurden.

Die Plätze, wo solche Hügelgräber liegen, sind auf einschlägigen Internet-Seiten zu finden. Es können aber auch Sagenauswertungen hilfreich sein, und ansonsten macht es durchaus Sinn, die Bewohner ländlicher Gegenden nach alten, schon immer vorhandenen Hügeln im Wald zu fragen.

Es ist jedoch strikt verboten, solche Bestattungshügel anzugraben, denn sie sind grundsätzlich denkmalgeschützt und dürfen ausschließlich von Archäologen geöffnet werden. Würden Laien den Spaten an-

Nachbildung eines hallstattzeitlichen Hügelgrabes im Keltendorf Gabreta (Bayerischer Wald). In solchen Grabhügeln wurden hochstehende Persönlichkeiten mit oft reichen Grabbeigaben bestattet. (Foto: Archäologischer Erlebnispark Gabreta. Web: Keltendorf.com)

setzen, so bestünde Zerstörungsgefahr an einer historisch sehr wertvollen Örtlichkeit – und falls einem Hügelgrab Gegenstände entnommen würden, so wäre das strafbewehrte Raubgräberei.

Im Umfeld eines Grabhügels darf jedoch vorsichtig nach Relikten aus der Vorzeit gesucht werden, und es ist dann möglich, dass im Oberflächenbereich der Erde Scherben oder andere Kleinfunde gemacht werden. Aber auch solche Dinge dürfen (siehe dazu das letzte Kapitel dieses Buches) nicht ohne weiteres in persönlichen Besitz genommen werden; speziell dann, wenn vermutet werden kann, dass sie von mehr als trivialem historischen Wert sind.

Am besten ist es vielmehr – wie allgemein im Fall von geschützten Bodendenkmälern – die Fundstücke vorerst an Ort und Stelle zu belassen und dann Fachleute zu verständigen, welche die Relikte professionell bergen und wissenschaftlich einordnen können, während man sich selbst ganz einfach über die Entdeckung freut, die man gemacht hat.

Geheimnisvolle keltische Viereckschanzen

Rund 170 dieser rätselhaften Anlagen aus spätkeltischer Zeit sind in Bayern bekannt; sie verteilen sich über alle Regierungsbezirke des Landes und stammen in den allermeisten Fällen aus den beiden letzten vorchristlichen Jahrhunderten. Wo solche Viereckschanzen zu finden sind, lässt sich im Internet problemlos recherchieren.

Die vorgeschichtlichen Wallanlagen bilden im Regelfall ein Rechteck oder ein Quadrat; manche besitzen aber auch Rhomben- oder Trapezform. Ihre Seiten sind zwischen 80 und 140 Meter lang; außen sind die Schanzen von einem Graben umgeben, und an einer Stelle, jedoch niemals im Norden, befindet sich ein Zugang, welcher den Graben überbrückt und den Wall durchschneidet.

Im Inneren der Viereckschanzen wurden von Archäologen hölzerne Bebauungen nachgewiesen, von denen freilich heutzutage keine Spur mehr zu erkennen ist. Doch einst standen hinter den Wällen offenbar Wohn- und Wirtschaftsgebäude und manchmal auch kleine Tempelbauten; außerdem haben sich in manchen Anlagen verfüllte Brunnenschächte erhalten.

Über den Zweck der latènezeitlichen Schanzen gab es immer wieder Diskussionen, die bis in die Gegenwart geführt werden. Ursprünglich hielten viele Wissenschaftler die Viereckschanzen für Sakralanlagen; inzwischen sieht man in ihnen aber eher Großbauern- oder Adelshöfe, die unter Umständen zusätzlich Sakralstätten beherbergen konnten. Eine Schanze dieser Art wäre dann ein Dunum gewesen, welches altkeltische Wort (das sich im Irischen als Dun erhalten hat) generell einen umwallten Platz bezeichnet, der sowohl profan als in gewissem Rahmen auch religiös genutzt wurde.

Auf jeden Fall sind die nach wie vor von Geheimnissen umwitterten Viereckschanzen für Schatzsucher hochinteressant, und es können dort womöglich spektakuläre Funde ans Tageslicht kommen, wie die

Solche Gebäude standen in den spätkeltischen Viereckschanzen. Das rekonstruierte reetgedeckte Haus mit der Sitzbank davor wäre das Heim eines Adelskriegers oder eines Großbauern gewesen; im hölzernen Tempelbau hätten die latènezeitlichen Kelten die spirituelle Verbindung mit ihren Gottheiten gesucht. (Fotos: Archäologischer Erlebnispark Gabreta. Web: Keltendorf.com)

folgende Geschichte beweist, welche der Autor aus dem Mund eines Archäologen erfuhr.

Dieser bayerische Wissenschaftler entdeckte am Außeneck einer Schanze (deren Lage hier aus guten Gründen nicht verraten wird) einen kleinen, etwa halbmeterhohen Stein, der aufrecht stand. Nachdem er die Steinsetzung vorsichtig ausgehoben und unter ihr etwas nachgegraben hatte, fand er in der Erde einen spätkeltischen Fingerring aus Gold.

Das Schmuckstück war verziert; ringsum liefen extrem feine punktförmige Punzierungen, wie der Archäologe mit Hilfe einer Lupe feststellte. Und da der Ring vor mehr als zwei Jahrtausenden unter dem Stein, wahrscheinlich einem Sakralstein, niedergelegt worden war, vermutete der Wissenschaftler, dass ein reicher Kelte das Schmuckstück dort als Opfergabe deponiert hatte.

Nachdem er den Ring auch noch unter dem Mikroskop untersucht und seine Erkenntnisse professionell ausgewertet hatte, gab der Archäologe das latènezeitliche Schmuckstück der Erde zurück und brachte den Stein wieder an seinen Platz. Dies geschah aus Respekt vor der Religion des Menschen, der einst den Ring geopfert hatte – und die Geschichte zeigt auf, dass in oder bei den Viereckschanzen sehr wertvolle Schatzfunde gemacht werden können.

Aber auch andere, profanere Dinge können sich dort verbergen: Gefäßscherben, Pfeilspitzen, Eisenmesser; dazu Überreste von Brunnenschächten – und außerdem, sofern die Schanzen in nachkeltischer Zeit von der umwohnenden Landbevölkerung als Zufluchtsstätten bei Gefahr genutzt wurden, spätantike sowie früh- oder hochmittelalterliche Relikte.

Die Überreste des römischen Limes

Durch Bayern verlief einst die befestigte Nordgrenze des Imperium Romanum: der Limes, der sich von Nordwesten nach Südosten zuerst nördlich und dann südlich der Altmühl dahinzog, bei Eining auf die Donau traf und danach als sogenannter nasser Limes am Donau-Südufer entlang weiter bis Passau führte.

Wo sich diese Grenzbefestigung über Land erstreckte, bestand sie aus mauer- oder palisadenbewehrten Wällen, die zusätzlich von vorgelagerten Gräben geschützt wurden; in regelmäßigen Abständen hatten römische Legionäre außerdem Wachttürme sowie kleinere oder größere Kastelle errichtet. Beobachtungstürme und Kastellbauten gab es auch an der Wassergrenze im Donauabschnitt des Limes; das Militärlager Castra Regina (Regensburg) beherbergte ab dem späteren zweiten Jahrhundert sogar eine ganze Legion von etwa 6000 Bewaffneten.

Bis in die Gegenwart herauf haben sich Überreste des Limes erhalten. Wallreste, welche das abergläubische Volk früher gerne mit dem Teufel in Verbindung brachte und sie deshalb als Teufelsmauer oder dergleichen bezeichnete, ziehen sich da und dort durch Wälder. Gelegentlich sind zudem Ruinenrelikte von Turmstümpfen in landwirtschaftlich nicht genutztem Gelände zu erkennen; dann wieder kann man auf halbverschüttete Grabenanlagen stoßen.

An manchen Orten wurden in unserer Zeit Teile der römischen Grenzbefestigung archäologisch ausgegraben und gesichert oder auch rekonstruiert. So entstand in Weißenburg an der Donau, wo in der Spätantike ein römisches Hilfstruppen-Kastell existierte, der architektonisch exakte Nachbau des Nordtores dieses historischen Kastells, das den Namen Biriciana trug. In Eining, ebenfalls an der Donau gelegen, wurden die Grundmauern des Limes-Kastells Abusina freigelegt; außerdem findet sich dort die Rekonstruktion eines Wachtturmes. Und in Pfünz im Landkreis Eichstätt, wo zur Sicherung des Limes ein Ko-

Wo heutzutage die mittelfränkische Stadt Gunzenhausen liegt, existierte zur Römerzeit – ebenso wie bei den heutigen Orten Weißenburg, Eining oder Pfünz – ein Limes-Kastell. Von dieser Befestigungsanlage an der Altmühl hat sich das hier gezeigte eindrucksvolle Turmfundament erhalten. (Foto: Tourist-Information Gunzenhausen)

hortenkastell namens Castra Vetoniana stand, wurde, ähnlich wie in Weißenburg, ein Torbau mit angrenzendem Mauerwerk nachgebildet.

Beim Anblick solcher Bauwerke kann man sich innerlich in die Römerzeit zurückversetzen; auf archäologische Funde allerdings darf man dort eher nicht hoffen. An anderen Stellen des einstigen Grenzwalles jedoch macht eine Suche durchaus Sinn, und um derartige Plätze in der Natur erforschen zu können, zieht man am besten Fachliteratur zu Rate: Bücher, Broschüren oder wissenschaftliche Aufsätze, die sich regional mit dem bayerischen Limes beschäftigen und oft auch sehr brauchbares Kartenmaterial enthalten.

Wenn man dann einen bestimmten, noch einigermaßen erhaltenen Limesabschnitt sorgfältig inspiziert, kann man oft relativ leicht römische Mauerreste und womöglich auch behauene Steine mit lateinischen Schriftzeichen entdecken. Mit einigem Glück findet man zudem Keramikscherben, Eisenreste oder Pfeilspitzen – und wenn es die Götter sehr gut mit einem Freizeitarchäologen meinen, stößt er sogar auf Münzen oder Waffen, welche den Legionären bei Kämpfen am Limes verlorengingen.

Römische Relikte entdeckt man vorzugsweise auf der Südseite der ehemaligen Verteidigungsanlagen, weil dort eben die Römer fochten; an den Nordseiten der Wälle kam eher Besitztum der Angreifer unter die Erde: germanische Schwerter und Messer, Speer- und Pfeilspitzen sowie Gewandfibeln von Germanenkriegern.

Insgesamt gesehen stellen die Örtlichkeiten, wo der Limes verlief, recht vielversprechende Fundstellen dar; es gilt aber hier ebenso wie anderweitig: Raubgräberei ist verboten, und Hobby-Archäologen müssen die einschlägigen bayerischen Gesetze beachten.

Makabre Funde auf Schlachtfeldern

Von Säkulum zu Säkulum tobten in der europäischen Geschichte Kriege. Auch in Bayern war das so; es gibt zahlreiche Schlachtfelder zwischen Alpen und Main – und vor einigen Jahren hatte der Autor dieses Buches Gelegenheit, Sondengänger der Passauer Kreisarchäologie bei der Untersuchung eines solch blutgetränkten Stücks Erde zu begleiten.

In regelmäßigen Schwüngen führten die Wissenschaftler die Teller ihrer Metalldetektoren auf einem abgeernteten Feld an der Donau über den Boden. Dann und wann ertönten die akustischen Signale der Sonden; meist nur leise und wie zögerlich, gelegentlich aber kräftig. Immer wenn Letzteres geschah, gruben die Archäologen an der betreffenden Stelle nach – und förderten im Verlauf der Suche eine ganze Reihe von militärischen Kleinfunden aus dem frühen 19. Jahrhundert zutage.

Das war zu erwarten gewesen, denn auf dem Uferfeld nahe des Donaustromes hatte in napoleonischer Zeit eine kriegerische Auseinandersetzung zwischen französischen und österreichischen Truppen stattgefunden. Und dabei waren viele Gegenstände in die Erde geraten: verschossene Musketen- und Pistolenkugeln aus Blei, metallene Waffenstücke, abgerissene Gürtelschnallen, im Gefecht verlorene Münzen, sakrale Medaillons und andere Dinge.

Zuletzt hatten die Wissenschaftler eine Menge solcher Sachen eingesammelt – und für den Verfasser dieser Zeilen war die Schlacht, die bald nach dem Jahr 1800 geschlagen worden war, auf sehr beklemmende Art gegenwärtig geworden.

Ungeachtet der Beklommenheit, die einen auf einem Schlachtfeld leicht befallen kann, besitzt die archäologische Suche an solchen Stätten eine ganz eigene Faszination. Man begegnet dem Makabren, dem Blutigen und Entfesselten, das eben auch in der menschlichen Natur

Verschiedene Schlachtfeldfunde: Zwei Armbrustbolzen, Messerklinge, Musketenkugel, Münze, kleine Pistole. (Foto: Battenberg-Gietl Verlag)

liegt – und die Chance dazu gibt es in Bayern, wie oben bereits gesagt, vielfach.

Recherchiert man im Internet mit Hilfe der entsprechenden Suchbegriffe, so spuckt das Web viele Dutzende von Treffern aus. Oft werden auch präzise topographische Angaben zur genauen Lage der Areale gemacht, auf denen sich militärische Auseinandersetzungen ereigneten, und falls die Internet-Recherche diesbezüglich ergebnislos bleibt, kann man hilfreiche Informationen direkt vor Ort bei den Einheimischen bekommen.

Wenn man weiß, wo man zu suchen hat, und wenn der betreffende Ort im freien Gelände liegt, so kann man einfach mit offenen Augen über die Wiesen oder Felder gehen; am besten, wenn die einen gemäht und die anderen abgeerntet und im Idealfall frisch umgepflügt worden sind. Gerade die Pflugschar bringt auf einstigen Schlachtfeldern immer wieder Relikte aus vergangenen Zeiten ans Licht – aber auch ein Metalldetektor ist sehr hilfreich, wenn es darum geht, der Erde jene historischen Schätze zu entreißen, die im Toben eines wilden Waffenganges verlorengingen.

Schlachten zwischen verfeindeten Sippen oder Stämmen fanden auf bayerischem Boden bereits in der Jungsteinzeit statt. So wurde 1914 in der Nähe des Dorfes Altheim bei Essenbach, Landkreis Landshut, eine spektakuläre Entdeckung gemacht: die Überreste einer sehr starken neolithischen Wall- und Grabenanlage, die vor etwa fünfeinhalbtausend Jahren brutal attackiert worden war. Im Torbereich der Anlage wurden mehr als 200 steinerne Pfeilspitzen ausgegraben; dazu die Skelette von fast zwei Dutzend Gefallenen sowie Wurfsteine und ein Kupferbeil. Die Fundsituation bewies, dass gnadenlos gekämpft worden war – und nicht anders war es in späteren Epochen der bayerischen Geschichte.

Auch bronzezeitliche und keltische Kriegerscharen prallten in blutigen Auseinandersetzungen zusammen; römische Legionäre fochten gegen Germanen der Völkerwanderungszeit; im Mittelalter wurden zahllose Fehden zwischen Burgherren ausgetragen, und die Heere von Hochadligen schlugen Schlachten, die Tausende von Menschenleben kosteten. Im Dreißigjährigen Krieg dann wurden ganze Landstriche zu Totenfeldern; auch im Landshuter Erbfolgekrieg sowie in den Spanischen und Österreichischen Erbfolgekriegen wüteten die Waffen; zur Napoleonzeit rafften Artillerie- und Musketensalven die Soldaten dahin, und am Ende des Zweiten Weltkrieges lieferten sich deutsche und amerikanische Truppen an vielen Orten Bayerns Gefechte, die ebenfalls ihre Spuren im Boden hinterließen.

Auf bayerischem Territorium befinden sich also Hunderte von Schlachtfeldern, und sie alle sind fundträchtig. Die archäologischen Schätze allerdings, die dort zu heben sind, tragen einen dunklen, makabren Charakter.

Plätze, wo einst Dörfer oder Höfe standen

Die Ausgräber wurden in der Wende vom zweiten zum dritten Jahrtausend tätig – und zwar auf der Wüstung Oberbreitenau: einer Hochfläche im Bayerischen Wald, die sich in der Gemeinde Bischofsmais im Landkreis Regen befindet.

Im späten 16. Jahrhundert wurden dort in einer Höhenlage von gut tausend Metern neun Bauernfamilien angesiedelt. Die Hörigen, welche der Herrschaft Weißenstein untertan waren, errichteten Waldbauernhöfe; ihre Nachfahren kämpften bis ins frühe 20. Jahrhundert mühsam ums Überleben. Dann wurden die Höfe nach und nach aufgegeben; 1925 verließ der letzte Bauer die Oberbreitenau, und danach eroberte sich die Natur die Hochfläche zurück, sodass der Platz, wo die beim Abzug der Bergbauernfamilien ausgeschlachteten Anwesen gestanden hatten, allmählich zu einer Dorfwüstung wurde.

Zur Zeit der Jahrtausendwende waren selbst die Grundmauern der einstigen Gebäude unter dichtem Bewuchs und Erde verschwunden. Als aber die Spaten angesetzt wurden, kamen die Mauerzüge wieder zum Vorschein, und bei archäologischen Nachgrabungen wurden außerdem Funde aus den verschiedenen geschichtlichen Epochen gemacht, in denen das Dorf besiedelt gewesen war.

Die Entdeckungen reichten bis ins erste Viertel des 20. Jahrhunderts herauf – und was aus dieser Zeit gefunden wurde, war hinsichtlich der reichen Wildschützentradition im Bayerwald recht erhellend. Denn aus den tiefen Schlünden der offenen Kamine in den Bergbauernhäusern kamen abgeschossene Patronenhülsen zutage, die unter dicken Rußschichten verborgen gewesen waren. Und die Erklärung für diese Funde lieferte ein Arbeiter, dessen Großvater noch auf der Oberbreitenau gelebt hatte: Einige Waldbauern hatten nach dem Ersten Weltkrieg mit Militärkarabinern gewildert und die leeren Messinghülsen der Patronen dann im Kaminruß entsorgt, weil dort kein misstrauischer Jäger nach verräterischen Indizien für die verbotene Jagd gesucht hätte.

Wie diese Geschichte zeigt, können auch Dorf- oder Hofwüstungen interessant für die archäologische Schatzsuche sein. Solche Wüstungen gibt es in beträchtlicher Zahl in Bayern; viele Dörfer oder Einödhöfe verwaisten beispielsweise während des Dreißigjährigen Krieges, als Millionen Deutsche starben, und die entvölkerten Orte wurden in späteren Zeiten nicht mehr besiedelt. Aber auch wenn Pestepidemien wüteten, wie abermals während des großen Religionskrieges oder im 14. Jahrhundert, gingen ganze Ortschaften unter, und als Erinnerungen an sie blieben nur Sagen oder historische Dokumente.

Mit Hilfe solcher Lokalsagen beziehungsweise örtlicher geschichtlicher Überlieferungen können die Gegenden, wo Wüstungen liegen, definiert werden. Eine weitere Möglichkeit ist der Vergleich von alten und neuen Landkarten; manchmal sind abgegangene Ortschaften in historischen Kartenwerken noch verzeichnet, während sie auf modernen Karten fehlen.

Was die Art der Funde angeht, die mit Glück in der Erde von Dorf- oder Hofwüstungen gemacht werden können, so ist vor allem mit Relikten aus dem bäuerlichen oder handwerklichen Bereich zu rechnen. Dies beinhaltet jedoch durchaus auch Münz- oder Waffenfunde, und sogar größere Münz-, respektive andersartige Schatzhorte, die speziell in Kriegszeiten vergraben wurden, kamen bei der Prospektion von Wüstungen wieder ans Licht

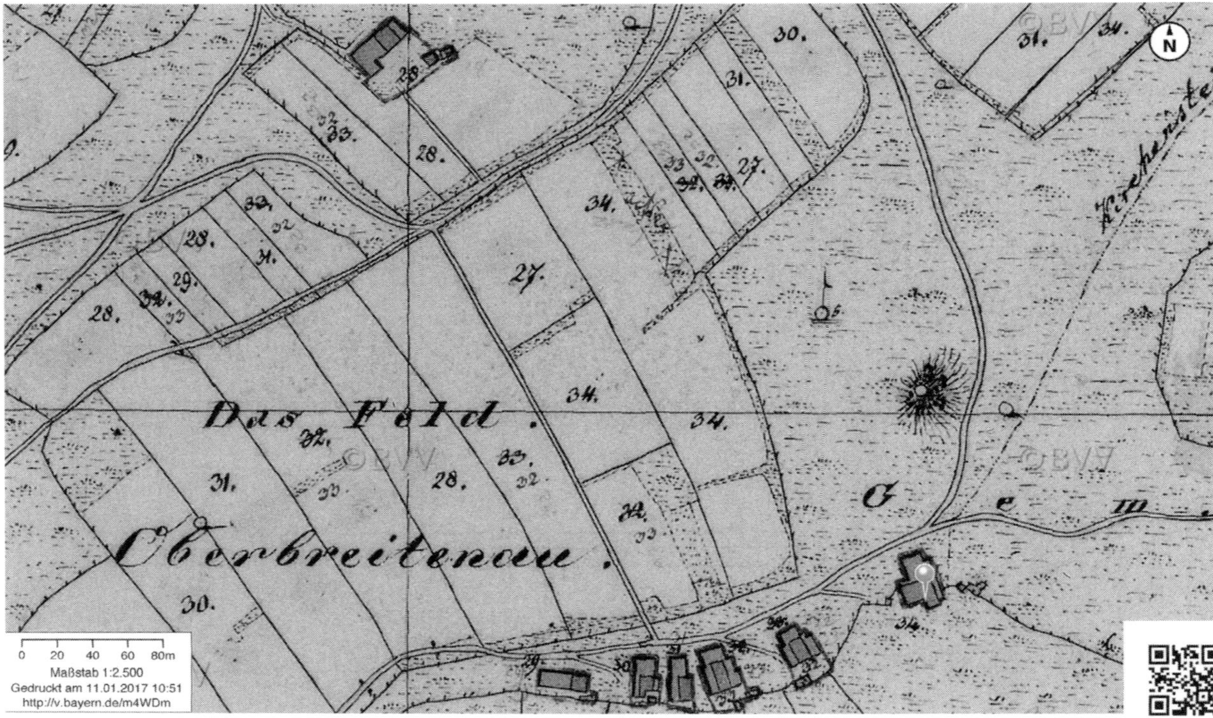

Auf diesem Ausschnitt einer topographischen Karte aus dem 19. Jahrhundert sind die Gebäude der einstigen Siedlung auf der Oberbreitenau teilweise noch zu sehen. (Bildquelle: Kartenviewer des Freistaates Bayern; Uraufnahme 1808 – 1864)

Uralte versteinerte Schätze im Altmühltal

Das Altmühltal, das sich durch die bayerischen Regierungsbezirke Mittelfranken, Oberbayern und Oberpfalz windet, stellt eine der schönsten deutschen Flusslandschaften dar. Doch nicht allein deshalb ist die Altmühl-Region einen Besuch wert – es gibt nämlich an bestimmten Stellen des Flusstales auch Schätze von ganz besonderer Art zu entdecken.

Genauer gesagt: Vielfach liegt entlang der Altmühl Gestein zutage, das sich aus dem Schlammgrund des Jura-Meeres bildete, welches vor 150 Millionen Jahren weite Teile jener Erdregion bedeckte, die heute europäisches Festland ist. Und im Schlick auf dem Grund dieses Ur-Ozeans verschwanden damals die Körper zahlloser toter Tiere; später versteinerten die Überreste dieser Lebewesen zusammen mit dem Meeresschlamm, und als die Ozeanfluten im weiteren Verlauf der Erdgeschichte wichen und der heutige europäische Kontinent entstand, wurden die Versteinerungsschichten an manchen Stellen des Erdteils zu Gesteinslagen unter freiem Himmel.

Entlang des Altmühltales häufen sich die fundträchtigen Gesteinsschichten geradezu. So wurden alle zwölf Exemplare des Urvogels Archaeopteryx, die heutzutage bekannt sind, nahe der Altmühl gefunden, was eine paläontologische Sensation darstellt. Aber auch an Versteinerungen anderer Tiere ist die Flusslandschaft reich; immer wieder wurden zu Stein gewordene Fischsaurier, Fische, Muscheln, Schnecken, Insekten und dazu die berühmten Belemniten entdeckt: jene „Donnerkeile", von denen man früher glaubte, dass zürnende Götter sie auf die Erde geschleudert hätten.

Für Wissenschaftler ist das Altmühltal ein Eldorado – doch ebenso kann man an diversen Orten am Fluss als ganz gewöhnlicher Mensch auf spannende Entdeckungsreisen gehen. Denn es gibt fünf Steinbrüche, alle im Naturpark Altmühltal gelegen, wo Besuchern die Möglichkeit geboten wird, nach jahrmillionenalten Relikten von längst ausgestorbenen Tieren zu suchen.

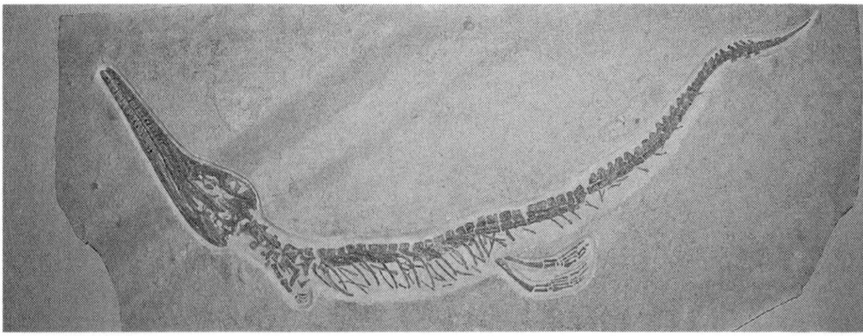

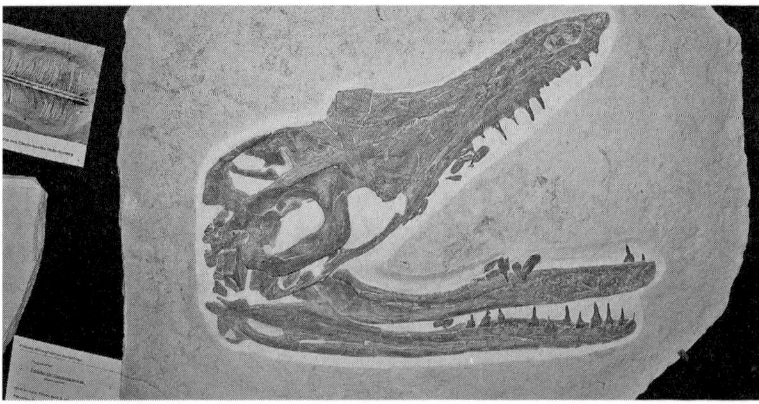

In den Besuchersteinbrüchen des Altmühltales können uralte versteinerte Fossilien gefunden werden. Hier zu sehen: ein Salzwasserkrokodil, der Schädel eines urzeitlichen Reptils und ein Ammonit oder Kopffüßler. (Fotos: Roland Pöschl, Fossilien-Besuchersteinbruch Mühlheim. Web: besuchersteinbruch.de)

Der Fossilien-Besuchersteinbruch in Mühlheim (bei Mörnsheim, Landkreis Eichstätt) ist 6000 Quadratmeter groß, und wer sich dort als Urzeit-Archäologe versuchen will, wird von Fachleuten angeleitet.

Die Fossiliensammelstelle Titting (Markt Titting, Landkreis Eichstätt) ist besonders kinderfreundlich; auch die Kleinen können dort mit Hammer und Meißel ihren Forscherdrang stillen.

In Schamhaupten (Ortsteil des Marktes Altmannstein, Landkreis Eichstätt) im malerischen Schambachtal befindet sich ein weiterer Steinbruch, der für Schatzjäger geöffnet ist.

Auch in Eichstätt selbst gibt es einen Fossiliensteinbruch, wo Interessenten die Möglichkeit haben, sich als Jäger von urgeschichtlichen Relikten zu betätigen. Der Steinbruch liegt oberhalb der Stadt auf dem Blumenberg, von dem aus man auch noch eine wunderbare Aussicht auf die Bischofsstadt mit der Willibaldsburg und das Altmühltal hat.

In Solnhofen (Landkreis Weißenburg-Gunzenhausen) schließlich kann eine Schatzsuche im Fossilien-Besuchersteinbruch mit einem Abstecher ins Solnhofener Museum verbunden werden, wo unter anderem ein hochinteressanter Paläo-Zoo zu sehen ist. Der „Zoo" zeigt Versteinerungen von zahlreichen Tieren aus dem Paläolithikum.

Nähere Informationen zu den fünf Fossiliensteinbrüchen finden sich unter dem Suchbegriff „Naturpark Altmühltal" im Internet – und falls ein Hobby-Prospektor in einem der Steinbrüche außergewöhnliches Glück hat, kann er vielleicht sogar ein dreizehntes Exemplar des Urvogels Archaeopteryx entdecken.

Bei (fast) jeder Schatzsuche gilt: Gesetzliche Bestimmungen beachten!

Im vorliegenden Sachbuch sind Möglichkeiten aufgezeigt worden, wie und wo im Freistaat Bayern nach verschollenen Schätzen geforscht werden kann. Das Buch soll jedoch in keinster Weise zu illegaler Raubgräberei ermuntern. Vielmehr muss abschließend sehr deutlich gesagt werden, dass eine private Schatzsuche stets nur im Einklang mit den einschlägigen bayerischen Gesetzen erfolgen darf.

Einzige Ausnahme ist die Suche nach paläolithischen Fossilien in jenen Besuchersteinbrüchen, die im vorstehenden Kapitel genannt wurden. Sonst aber gilt: Wer sich als Schatzgräber gesetzwidrig verhält, kann bestraft werden.

Der Gesetzgeber verbietet die private Suche nach historischen Relikten freilich keineswegs generell. So ist es durchaus erlaubt, auf Feld- und Wiesenfluren oder in Wäldern nach Scherben, behauenen Steinen, verlorenen historischen Gegenständen und dergleichen zu forschen. Wenn dabei allerdings geschichtlich relevante oder materiell wertvolle Entdeckungen gemacht werden, so muss eine Behörde informiert werden: die zuständige Gemeinde, die Kreisarchäologie oder das Landesamt für Denkmalpflege. Dies verlangt der Staat, damit unter Umständen eine weitere Prospektion unter fachmännischer Leitung erfolgen kann.

Was bekannte Bodendenkmäler (zum Beispiel Ruinen, Ruinenreste, Burgställe, Grabhügel, Schanzenanlagen, Wüstungen oder auch Höhlen von historischer Bedeutung) angeht, so ist dort die private Suche an der Erdoberfläche ebenfalls nicht grundsätzlich verboten. Es darf jedoch nicht eigenmächtig in die Tiefe gegraben werden; wenn man dies tun möchte, sollte man sich um eine behördliche Erlaubnis bemühen und dann am besten zusehen, dass man mit einem Archäologen, einem staatlich lizenzierten Grabungstechniker oder einem ehrenamtlichen Helfer solcher Leute zusammenarbeiten kann. Und falls archäologische Funde an der Erdoberfläche gemacht werden, so sollte man diese einer der oben genannten Institutionen melden.

Auch in alten Gebäuden, die sich in Privatbesitz befinden, darf gesucht werden, sofern der Eigentümer seine Einwilligung dazu gibt. Etwaige Denkmalschutzauflagen sind allerdings zwingend zu beachten.

Die Schatzsuche mit Hilfe von Metalldetektoren unterliegt klaren Regeln. „Außerhalb der Flächen, wo Bodendenkmäler bekannt, zu vermuten oder den Umständen nach anzunehmen sind, gibt es keine Einschränkungen beim Benutzen einer Metallsonde", heißt es in einer einschlägigen Erklärung des Bayerischen Landesamtes für Denkmalpflege. Was indessen Bodendenkmäler, respektive Plätze, wo solche vermutet werden können, betrifft, so muss man eine behördliche Erlaubnis einholen, um eine Sondensuche durchführen zu dürfen. Es empfiehlt sich in einem solchen Fall, dass man sich zunächst an die Gemeinde wendet, auf deren Grund das Bodendenkmal liegt.

Großzügig ist der Freistaat im Hinblick auf das Eigentumsrecht an aufgefundenen wertvollen Gegenständen aus der bayerischen Vergangenheit. Wer beispielsweise auf legale Weise einen Gold- oder Silberschatz entdeckt, erwirbt dadurch das halbe Eigentum an dem Hort. Die andere Hälfte des Schatzes gehört dem Grundeigentümer; entweder einer Privatperson oder, falls der Fund auf staatlichem Boden erfolgte, dem Freistaat Bayern.

Damit zeigt sich der bayerische Gesetzgeber sehr viel altruistischer als die Legislative in anderen Bundesländern, wo Schatzgräbern jegliches Eigentumsrecht an ihren Entdeckungen verweigert wird – und auch das könnte ein Ansporn dafür sein, sich selbst einmal als Jäger verschollener Schätze zu versuchen.

Glossar

Belemnit: Versteinerter, pfeilförmiger Körperteil einer Tintenfischart aus der Urzeit der Erde.

Bronzezeit: Historische Epoche, die in Mitteleuropa von ca. 2200 bis ca. 800 v. d. Z. währte. Die Epoche war von der Erfindung der Bronzelegierung (aus Kupfer und Zinn) und der kunstvollen Verarbeitung des Bronzemetalls geprägt.

Burgstall: Ein Platz, wo einst eine Burg stand, die aber völlig oder bis auf geringe Mauerreste verschwunden ist. Burggräben, die meistens Hohlwegen gleichen, sind aber oft noch erhalten.

Erbkämmerer: Sehr wichtiger Hofbeamter in einer Hochadelsherrschaft. Die Erbkämmerer waren häufig die Schatzmeister von Grafen, Herzögen, Königen oder auch Kirchenfürsten.

Hakenbüchse: Frühe Feuerwaffe des 15. und 16. Jahrhunderts. Am Unterschaft der einschüssigen und recht großkalibrigen Waffe war ein starker Haken angebracht, mit dessen Hilfe die Büchse an einer Mauerkante oder dergleichen eingehängt werden konnte, um einen heftigen Rückstoß beim Abfeuern zu verhindern.

Huosigau Alte Bezeichnung für den Pfaffenwinkel in Oberbayern.

(Gau der Huosi) Die Huosi waren eines der bajuwarischen Uradelsgeschlechter.

Hussiten: Angehörige einer protestantischen Bewegung in Böhmen, die in der ersten Hälfte des 15. Jahrhunderts für die Reformation des Christentums eintraten. Die Hussiten gerieten deswegen in einen schweren Konflikt mit der Papstkirche und dem Deutschen Reich, und dieser Streit war Auslöser der Hussitenkriege, die von 1419 bis 1436 tobten.

Imperium Romanum: Römisches Reich.

Lachter: Altes Längenmaß, das vor allem im Bergbau verwendet wurde. Ein Lachter war ca. 1,80 Meter lang.

Latène: Die jüngere Epoche der keltischen Geschichte, die von etwa 450 bis 15 v. d. Z. angesetzt wird. Die ältere Epoche der keltischen Geschichte wird als Hallstattzeit bezeichnet und dauerte von ca. 750 bis 450 v. d. Z.

Mesolithikum: Mittelsteinzeit.

Motte: Künstlich aufgeschütteter Rundhügel mit sehr steilen Flanken. Auf solchen Motten wurden im Mittelalter Kleinburgen (Turmhügelburgen) errichtet.

Neolithikum: Jungsteinzeit.

Paläolithikum: Altsteinzeit.

Pfleger: Verwalter einer Burg oder eines Schlosses.

Ross-Stirn: Metallene Maske, welche den Vorderkopf eines Pferdes bedeckte. Solche Masken wurden im Krieg aber auch bei Reiterparaden verwendet.

Schwedentrunk: Eine grausame Foltermethode, bei der einem Delinquenten unter Zwang sehr viel Jauche eingeflößt wurde, bis sein Leib prall aufgetrieben war. Dann wurde auf den Bauch des Gefolterten eingeschlagen oder eingetreten, was dessen schreckliche Pein noch verstärkte und in der Folge oft zum Tod führte.

Urnenfelderzeit: Historische Epoche, die von ca. 1200 bis ca. 750 v. d. Z. währte. Sie ist nach dem damaligen Bestattungsbrauch benannt: Die Toten wurden verbrannt, und der Leichenbrand wurde auf Gräberfeldern in Urnen beigesetzt.

Manfred Böckl
Kreuzzug bis ans Höllentor
Machtgier und Glaubenswahn im europäischen und islamischen Mittelalter
1. Auflage 2015, 312 Seiten,
Format 13,5 x 20,5 cm, Hardcover
ISBN 978-3-86646-713-2
Preis: 16,90 EUR

Manfred Böckl
Bischofsmord und Hexenjagd
Die spektakulärsten Kriminalfälle
aus dem historischen Bayern
1. Auflage 2015, 152 Seiten,
Format 13,5 x 20,5 cm, Hardcover
ISBN 978-3-86646-714-9
Preis: 16,90 EUR

Manfred Böckl
Das Amulett aus Keltengold
Eine Zeitreise durch Altbayerns Geschichte
von der Antike bis zur Gegenwart
1. Auflage 2015, 232 Seiten,
Format 13,5 x 20,5 cm, Hardcover
ISBN 978-3-86646-702-6
Preis: 16,90 EUR

Manfred Böckl

Die Kaiserhure

Das sündige Leben der
Regensburgerin Barbara Blomberg
1. Auflage 2015, 248 Seiten,
Format 13,5 x 20,5 cm, Hardcover
ISBN 978-3-86646-704-0
Preis: 16,90 EUR

Manfred Böckl

Die Leibeigenen

Eine Bayerwald-Saga aus
dem finsteren Mittelalter
1. Auflage 2015, 208 Seiten,
Format 13,5 x 20,5 cm, Hardcover
ISBN 978-3-86646-703-3
Preis: 16,90 EUR

Manfred Böckl

Das Mysterium der Erdställe

Das Geheimnis der Schratzllöcher, Zwergen-
gänge, Wichtelhöhlen wird enträtselt
1. Auflage 2015, 104 Seiten, farbiger Bildteil
Format 13,5 x 20,5 cm, Hardcover,
ISBN 978-3-86646-715-6
Preis: 13,90 EUR

Manfred Böckl
Der Hexenstein
Ein Roman aus dunkler Zeit
2. Auflage, 232 Seiten,
Format 12,7 x 19,7 cm,
Hardcover mit Schutzumschlag
ISBN 978-3-89682-002-0
Preis: 15,50 EUR

auch als e-Book erhältlich

Manfred Böckl
Der Tote am Kalten Baum
Sieben schaurig-schöne Erzählungen
rund um Burgen in Ostbayern
1. Auflage 2013, 192 Seiten,
Format 13,5 x 20,5 cm, Hardcover
ISBN 978-3-935719-94-0
Preis: 16,95 EUR

auch als e-Book erhältlich

Manfred Böckl
Der Mühlhiasl
Seine Prophezeiungen · Sein Wissen um
Erdstrahlen, Kraftplätze und Heilige
Orte · Sein verborgenes Leben
5. Auflage 2017, 96 Seiten,
Format 13,5 x 20,5 cm,
Hardcover, mit s/w Illustrationen
ISBN 978-3-95587-057-7
Preis: 11,90 EUR

Manfred Böckl

Der Uttenschwalb

Vom geheimnisumwitterten Ursprung eines uralten Adelsgeschlechts
1. Auflage 2016, 344 Seiten,
Format 13,5 x 20,5 cm, Hardcover
ISBN 978-3-86646-758-3
Preis: 16,90 EUR

Manfred Böckl

König der Wildschützen

Das abenteuerliche Leben des Matthäus Klostermayr, genannt Bayerischer Hiasl
1. Auflage 2016, 296 Seiten,
Format 13,5 x 20,5 cm, Hardcover
ISBN 978-3-86646-743-9
Preis: 16,90 EUR

Manfred Böckl

Mühlhiasl

Der Seher vom Rabenstein
9. Auflage 2014, 270 Seiten,
Format 13,5 x 20,5 cm,
Hardcover mit Schutzumschlag
ISBN 978-3-89682-988-7
Preis: 15,95 EUR